人性的弱點

暢銷不墜的成功學經典，
向卡內基學習交心溝通術與好感度人際學

Dale Carnegie

戴爾・卡內基——著　韓文橋——譯

How To Win Friends And Influence

PEOPLE

時報出版

目錄

第三篇　讓人贊同你的十二條法則

第四篇　說服對方又不會引起反感的九種訣竅

推薦序

你人真好，我真希望和你一樣

華語首席故事教練／許榮哲

當出版社請我寫推薦序時，我一直在想為什麼是我？然而一翻開書，我就明白了，理由是「故事」。

我出過一套書《故事課》，書名的副標就叫「3分鐘說18萬個故事」。敢取這樣的名字，肯定是有我的自信在，但我必須說《人性的弱點》這本書的故事量，足足是《故事課》的十倍。

書裡的故事根本就是機關槍掃射，火力之強大，再無感的鐵板都被打穿了，底下舉幾個引起我強烈共鳴的故事。

第一個故事是關於「換位思考」的故事。

主角是個叫安德魯．卡內基的大富翁，他的嫂子辛辛苦苦把兩個孩子拉拔長大，甚至還栽培他們上了耶魯大學，但他們卻連母親的家書都懶得回。

於是叔叔看不下去了，他跳出來說，我有一個方法可以叫他們乖乖回信。怎麼做呢？叔叔分別寫信給兩個侄子，信的內容並不特別，就是話家長，特別的地方在最後一段，信末叔叔寫道「隨信附上五美元」。

但信封裡並沒有錢啊啊啊。

這下子兩個侄子都回信了，「親愛的卡內基叔叔啊……」天知地知、你知我知，連獨眼龍都知道，他們回信的目的了。

年輕的時候，我最喜歡這樣的故事，聰明機智如晏子、阿凡提、一休和尚，不傷人，又可以抒發一口鳥氣的小小惡作劇。

第二個故事是關於「理解與寬容」的故事。

主角是個叫鮑伯．胡佛的試飛員，當他在高空中飛行時，飛機突然熄火，眼看就要墜毀了，幸好他技巧高超，有驚無險迫降。雖然飛機毀了，但幸好飛機上的三個人都活了下來。事後一檢查才發現，年輕的技師犯了一個致命的錯誤，這明明是螺旋槳飛機，卻裝進了噴射機的燃油。

當大難不死的鮑伯．胡佛走向犯了大錯的年輕技師時，他會做什麼事？

答案完全超出人們的想像，胡佛張開雙臂，給了技師一個大大的擁抱，然後說：「我相信，你以後不會再犯類似的錯誤。為了證明這一點，明天你給我的F-51飛機做一次保養吧。」

年輕技師聽了，當場淚流滿面，我也是。

後來當我成了故事教練時，我最喜歡教學生說這樣的故事，我稱之為「戲劇反差」。但作者卡內基是這麼說的：「批評、指責和抱怨，傻子都懂，且大多數傻子還會做；理解和寬容則需要良好的修養和自制力。」

然而在閱讀的當下，我個人最喜歡的是底下這個「隨時隨地讚美」的故事。主角叫戴爾．卡內基，他正是《人性的弱點》這本書的作者。

有一次，他到郵局寄信時，發現眼前的郵務員工有一張死氣沉沉的臉，原因很簡單，因為他的工作是：秤重、貼郵票、找零、開收據，然後再重複一百遍……

卡內基想讓這個人開心一點，於是趁對方低頭秤郵件的時候，真誠地對他說：「你的髮質真好，我真希望和你一樣。」

就這麼一句簡單的話，讓死氣沉沉的郵務員工活了起來，他先是謙虛的回：「不過現在沒有之前那麼好了。」

卡內基說：「在我看來，還是一樣令人羨慕。」

就這樣，兩人開啟了一段愉快的談話。最後，這個原本死氣沉沉的人說的是：「的確有很多人羨慕我的頭髮。」

閱讀的當下，連我自己也不理解為什麼好喜歡、好喜歡、好喜歡這個故事。

喜歡到什麼程度呢？

喜歡到它讓我起了一個念頭，這麼簡單的事，我一定也做得來。

就這麼巧，當時我正好在臉書上看到一位導演朋友，她分享了一張三十二年前，第一次自編自導自演的照片，照片裡有兩個女孩，一個是她同學，另一個就是她。她稱讚照片裡的女同學長得像林青霞。

我一看照片，確實有那麼一點像林青霞。

但我的朋友年輕時像誰呢？

我認真仔細端詳了照片好久，就像卡內基端詳郵務員工一樣，我甚至去搜尋跟林青霞同一年代的美女還有誰？哪個美女像我朋友，最後還真的被我找到了。

網路上的標題是這樣下的：「呂秀菱近照曝光，美過林青霞，與秦漢也有一段情，如今五十歲看上去像三十歲」。

我興奮地在朋友的照片底下留言：

「一個像林青霞，一個像呂秀菱。」

朋友看到之後立刻回我：「哈哈好幽默。」

當下，我看到的不是自己的幽默，而是臉書後面，這個叫「曾秀玲」的朋友臉上燦爛的笑容。

讚美不只帶來了好心情，它還讓我意外發現了美與美的關聯——曾秀玲與呂秀菱。瞬間，我終於理解自己為什麼特別喜歡卡內基這個不起眼的小故事了。

第一個「換位思考」的故事很棒，但它有副作用。

第二個「理解與寬容」的故事更棒，但它是拿命換來的。

至於第三個「隨時隨地讚美」的故事，乍看不起眼，然而在這個網路時代，只要懂得加上一個元素「公開發表」，它就有可能豬羊變色，變成最好的一張牌。

例如底下這個「正向循環」的故事。

故事的主角叫許榮哲，華語世界首席故事教練，也就是我本人。

不久前，我到新竹的教師研習場。一進門，就有個工作人員對我說：

「許老師，你要喝咖啡嗎？」

我還沒回答時，對方立刻接口：「我們的咖啡超棒的。」

過不久，那位工作人員又說：「許老師，演講結束時有個餐盒，你一定要拿喔。」

同樣的，我還沒回答時，對方立刻接口：「我們的餐盒超棒的。」

我笑了笑，印象中，從沒見過什麼超棒的餐盒，餐盒不都是那個樣子。

隨後，研習開始了。我習慣找幾位學員上台互動，但那一次我特別挑了那位口頭禪是「超棒的」工作人員。

她揮揮手說：「不要啦，我今天是工作人員。」

我說：「不不不，就是你。來來來，我順便跟各位老師，介紹一下這位工作人員。」

當場，大家都愣住了，因為他們彼此都認識啊，我才是陌生人吧。

隨後，我告訴大家，我一進教室，這位工作人員就用「我們的咖啡超棒的」、「我們的餐盒超棒的」這兩句話收服了我。

一部分是出於她的自信，更大一部分是她的自信來自於她的認真準備。

我告訴大家：「我很快就會忘記這場研習，但我不會忘記這個工作人員的自信，以及自信背後的認真。」

故事本應到此為止，但它繼續往下發展。

回程的時候，我的行李裡，除了餐盒之外，還莫名其妙多了一盒奇異果禮盒，以及一罐剝皮辣椒。

隔天，老婆孩子爭相告訴我：「那盒奇異果禮盒棒得不得了。」

我則不服輸地反擊：「哼，這罐剝皮辣椒才是真的棒得不得了。」

兩天後，我請出版社幫我，找到那位工作人員的聯絡方式，我傳訊息告訴她：

我喜歡你的咖啡
我喜歡你的餐盒
我喜歡你的奇異果
我喜歡你的剝皮辣椒
但我最最最喜歡的是你這個人
你真的是一個棒得不得了的人

故事本應到此為止，但它繼續往下發展，原因是我把上面的故事Po在臉書上。

幾天之後，我到花蓮慈濟中學帶工作坊，主辦單位神秘兮兮地拿出一個禮盒送我。

你猜錯了。

不是奇異果禮盒，而是剝皮辣椒禮盒。

主辦單位說他看到我寫的文章了，知道我喜歡剝皮辣椒。剝皮辣椒就是花蓮的名產啊，於是他們特地去買了一盒來送我。

課程開始沒多久，有個學生送了兩大盒切好的水果盤給我，他說這是他爸爸要送我的，感謝我教導他女兒學習。

我問你爸爸是誰？

孩子說了一個我陌生的名字，然後補上一句「我爸爸有看你的臉書」。

故事的後面還有故事，但我不能再說下去了，因為公開的讚美會正向循環起來，如今它已變成一個沒有終點的故事。

在這個網路時代，卡內基提到的人際關係完全沒有落伍，反倒以一種驚人的速度在狂飆。

創業如此之難，行銷如此不易，然而人與人之間，隨時隨地說幾句公開的讚美，從來沒有失敗過。

我的冰箱裡，每天從各個地方冒出來的剝皮辣椒就是一個最好的例子。

——完

推薦序

當一個對別人有興趣的人

溝通表達培訓師／張忘形

能為《人性的弱點》寫序，真的是我的榮幸。記得以前資訊沒這麼發達，每一個想要學溝通與人際關係的人，第一時間都是想到卡內基。所以我真的可以大聲說，這是我從小看到大的書，而我也深受這本書的啟發。

因為自己教的是溝通表達，裡面有許多概念，都是我在上課時不斷強調的重點。舉例來說，很多人常常上課時有各種問題，例如如何跟小朋友溝通，讓他可以早點睡覺。或是跟另一半溝通，讓對方可以去做家事。甚至是跟父母溝通，希望他們不要再干涉自己。

我常說，溝通是為了建立關係，許多時候我們跟對方開啟溝通時，其實都只是在說服。因為當我們重視的，都是自己的目的能不能被達成，我們就常常不在乎對方的感受，自然也很難建立起關係。

而這些其實都寫在本書的一開始，書中說我們唯一的辦法，是讓對方心甘情願。這時候我們就必須滿足對方的某些慾望。這邊說的慾望不全然是錢、食物或其他有形的東西，而是讓對方覺得「你有重視我」，而我認為這就是貫穿全書的核心價值。

例如得運用同理心，站在對方的立場想。多稱讚對方，而不是批評與指責。感謝別人的關心，對別人產生興趣，記得對方的名子。尊重他人的意見，表達溝通誠意等等。這些全部都圍繞在「讓對方獲得重視」。

不過老實說，我不是想跟你分享書中的內容，而是我認為我看完書之後的想法與做法，也許能給大家一些不同的刺激。

一、重點在於實作，而不是看

老實說，畢竟這是距今數十年前的書了，所以裡面依然以名人故事的說明為主，所以看起來真的非常 old school。但你會發現雖然故事過時了，但裡面的概念卻依然能符合我們的生活情境。

我認為這本書能夠不斷再版，正是因為即便科技發展得再快速，我們人的內心需求與情緒依然是沒有改變的。所以我認為看這本書時，也許你要記下的不是卡內基告訴你的故事，而是其中包含的那些想法。

我自己的做法是，書中有許多的法則與守則。請記得不要一次全部記下來，這樣真的會逼死自己，所以我可能一個禮拜就實行一個守則。例如我在書中看到：避免無謂的爭論，是贏得爭論的唯一途徑。

於是這週，我就不斷提醒自己，當自己跟別人有不同意見時，我能不能先停止解釋與爭辯，而是去理解對方為什麼會這樣想。而當理解對方後，我可以怎麼給對方重視，讓對方願意也聽我說。

當我們每週都能練習一個重點，相信一年過後，我們的人際關係絕對會有重大改善。

二、留意生活中的案例，將它改寫成不同結局

接著是當你發現已經把這些運用在生活之中時，我的下一個建議是關注你生活中的其他人。一樣是剛剛不做無謂的爭辯，你可能就會注意到很多人在和別人爭執。

這時候我們就可以提醒自己，如果是我的話，我能夠怎麼樣做，讓這件事情不要發生。或是你聽見了對方的爭執內容，你可以幫對方想想，在哪個環節可能出了問題，是什麼讓彼此都覺得不被重視？

這邊一定要提醒一下，這個步驟歡迎在我們的腦內、筆記本上、或是當事人看不到的社群媒體上進行。請千萬不要雞婆跑去跟兩邊說，你們這樣爭執是沒有用的，卡內基說……

這時候我猜他們可能就不吵了，換他們來罵你。這也是書中說的換位思考，請記得當

對方沒有提出需求時，不要急著幫對方解決。但我們這樣的做法，能夠讓我們不斷地提醒自己這些法則，藉由不斷地思考讓自己變好。

三、經典的魅力，來自於不同的心境

我自己覺得，每一本經典的書，有趣的的地方就在於，我每次讀起來的感受都不太相同。很小的時候我看這本書時，覺得不知道他在講什麼，所以我都當作在看名人故事。等到我大學的時候又翻過一次，很慚愧的是當時我覺得裡面都是廢話。但就像第一點說的，我根本沒有把書中的內容拿去實作，當然對我來說就都是廢話了。

後來要當講師的時候，我又重新翻過一次，那時候很像挖到了一個寶藏。很多道理也都是上溝通課常提到的，例如不只當一個有趣的人，更要當一個對別人有興趣的人。或是讓對方知道你把注意力放他身上、其實聽比說更重要、溝通是找到共同的目標等等，都能在這本書中找到相應的法則。

也因為要寫推薦序的關係，又把這本書重看了一次。這次的體悟是一個提醒。如果你有看書中的內容，你會發現卡內基不只是蒐集名人的故事，其中還有其他各家的經典，甚至包含老子的海納百川。

這也提醒了我能不能像卡內基一樣，即便他已經是一個這麼厲害的人，還是能將自己的想法與其他人的經典結合。其實人際關係並不只是說什麼話，做了什麼守則，而是不斷學習與進化的過程。

因此，無論你打開這本書的目的是什麼，也許是想理解溝通的法則，提升自己人際關係，甚至增進自己與家人的關係。或只是看看名人故事，思考一下古人的智慧，這本書都絕對能讓你有所收穫。

期待我們都能走過人性的弱點，重視身邊其他人在乎的點。

推薦序

良好的人際關係是幸福的要訣

閱讀人社群主編／鄭俊德

卡內基被稱為人際關係大師，他的許多作品被視為社交必讀聖經，但童年時期的他並沒有優渥的成長環境與資源，他家經營小農場，經濟拮据的條件使他小時候常常面黃肌瘦。

上學之後，也曾因好動搗蛋差點被退學，十六歲之後家裡經濟條件實在太糟，他必須在家協助務農同時預備課業，等同於現代人說的半工半讀，而這時候的他跟人際溝通大師基本上八竿子打不著。

但他人生產生巨大改變，須歸功於他母親帶給他的樂觀性格影響以及在校園時期因著演講獲得的成就感，而這演講能力後來甚至成為他的教育培訓收入來源。

他陸續開班授課分享演說技巧，幫助人們可以冷靜有效地表達個人觀點，但經過一段時間他發現人們更需要人際交往的應對訓練。畢竟，演說久久一次，但是人與人的面對說話卻是天天發生，於是他開始投入大量時間研究人際關係的應對技術。

TED上有一段非常有名的演講，是針對幸福人生的研究，那恰巧跟人際關係也有重要的連結，這份研究時間長達七十五年之久，是由哈佛大學醫學院臨床精神病學教授羅伯・威丁格（Robert Waldinger）所主持。（影片如連結 https://youtu.be/q-7zAkwAOYg）

演說的教授威丁格是接任計畫的第四代主持人，這段計畫是從一九三八年開始，總共追蹤了七百二十四人，從年輕到老年的過程，每一年研究團隊都會去探訪追蹤他們的健康、工作、生活等。

研究對象挑選當時是由美國波士頓居民開始，主要分成兩大組，一組本身就是哈佛的學生，多數原生家庭擁有較好的財經地位，而另一組則是從波士頓貧困地區挑選出來的年輕人，而後經過受試者同意進行相關面談與健康檢查。

因為是一個長時間的計畫，中間所要面臨的挑戰非常多，光主持人都換了四代，七百二十四位研究者也一樣，無論是中途退出、死亡、搬遷後失聯消失等，最後還能進行研究並存活的僅剩百分之六十左右，也都是高齡九十歲的老人家了。

這些人陸續進入職場各種領域工作，有工廠作業員、律師、醫師等等；而在關係上有的人歷經離婚、家暴、酗酒甚至精神疾病，每個人的七十五年人生各異。

但在相關數據調查中，發現了一個現象，獲得比較高生理與心理健康分數的受試者，都在是人際關係上擁有較好的應對與連結的人。

最後講師下了一個結論就是「良好的人際關係」才能帶來健康快樂與長壽。

這是一個令人跌破眼睛的常識答案，不是物質也不是地位，而是擁有好的人際關係，人就能活得更久更幸福。

但擁有好的人際關係容易嗎？其實並不容易，否則市面就不會有這麼多跟人際交往有關的書籍了。但這麼多書又該從哪一本開始讀起才能幫助我們改善人際關係的盲點呢？

卡內基的《人性的弱點》就是我推薦你必讀的好書，除了足夠經典外，人際關係大師卡內基先生在這個主題投入的大量研究與案例，每一篇都極具啟發，值得大家好好閱讀。

其實這本書的出版幾經波折，當時出版市場景氣並不好，平均出版八本就賠七本，對於出版社而言，冒險出書都像是在賭博，而且多數輸的機會很大，但卡內基認為「人性的弱點」極其重要，這當中核心價值是大家都很關心的人際關係改善方法，而這個主題是沒有人不想知道的。

《人性的弱點》統整了古今中外的故事以及名人的採訪，希望幫人們釐清人際關係的經營之道，除了要受人歡迎外，更要能夠說服別人、獲得贊同。

書中主要分成六個章節，分別是人際關係的三大技巧、受人歡迎的六種方法、讓人贊同你的十二條法則、說服對方又不會引起反感的九種訣竅等。

目錄羅列人際應對的方法，光閱讀就讓人想一探究竟，內文搭配淺顯易懂的故事，更是讓人容易理解與代入自身經驗。

例如我印象深刻的一段故事正好就與我的個人體驗有關係，書中的故事是這樣的：

某次卡內基受邀參與一個晚宴，其中旁邊賓客跟他聊天分享了一段故事，這位先生侃侃而談說起這段故事的出處來自於《聖經》一段話，但卡內基聽完就當場指正這位先生說，這句話是出自於莎士比亞而非《聖經》，整個場面極其尷尬。

這時卡內基的老朋友法蘭克．加蒙德剛好在旁邊，法蘭克本身對於莎士比亞研究非常透測，卡內基想找他來幫自己再次應證，沒想到法蘭克卻說：「這句話是出自於《聖經》沒錯，卡內基你記錯了。」

回家路上卡內基內心忿忿不平，他的好朋友法蘭克看出來了，跟他說：「其實你是對的，這句話真的是出自於莎士比亞，但這是一個快樂的宴會，你糾正他與他爭辯只會搞砸了氣氛，甚至對後續的友誼沒有太多正面意義。」

這時卡內基才恍然大悟，寫下了這段啟發感受：有時候不爭辯才是最好的爭辯。

回到我個人經歷，在過去我自己也曾犯過心直口快的毛病，總覺得有話直說是好事，有時候讀的書比較多，就會想試著去指導他人，但其實這是錯誤的，沒有人想要被指導，如果能早點讀到這本書就好了，就不會失去了幾段友誼關係。

書中的原則也能運用到家庭關係，更讓我覺得這是本書的大亮點，要先安內才能攘外，我們常說家和萬事興，當家庭天天吵吵鬧鬧，你在外頭擁有多大的成就與財富也很難感受到真正幸福。所以讀完後，我更決定要把這本書送給我的另一半，不是提醒她，而是告訴她，我也會練習做到。

再次與你分享《人性的弱點》，祝福你透過這本書，使人際關係開始有了更多優點，獲得更大的人生快樂。

謹獻給無須閱讀本書的一位摯友

霍默．克羅伊（Homer Croy）

自序

成書緣起——因為，我們都需要良好的人際關係

二十世紀前三十五年間，美國出版商推出過二十多萬本不同種類的書，數目巨大，但絕大多數都屬於枯燥乏味之作，最終成為商業敗筆。沒錯，我說的就是「絕大多數」！全球最大的出版公司老闆，曾發自肺腑地告訴我，即使公司有七十五年的出版經驗，也是每出八本書就有七本虧本。

形勢如此嚴峻，為什麼我偏要冒這麼大的風險再寫一本呢？即使出版了，又有什麼價值吸引讀者呢？

兩個問題都很棘手，但非空穴來風。請允許我一一作答：一九一二年，我在紐約開設了一門教育培訓課程，旨在教授商業人士專業的演講技巧。剛開始我只教授演講課，用我自身的經驗來訓練成年人，讓他們在職場和公眾場合能冷靜、清晰、有效地表達個人觀點。

但一段時間後，我漸漸發現，這些人不僅僅需要演講訓練，在日常生活和各種人際交往中，他們更需要技巧和策略方面的訓練。不僅是他們，我發現，就連我自己也急需這方

面的訓練。每每回憶起過去，我經常會因這方面相關知識的匱乏而深感焦慮。我想，要是二十年前就有今天這本書就太好了！無疑，那時的我一定會感到如獲至寶！

怎樣才能妥善進行人際交往，是你我遇到的最大問題，不論你是家庭主婦、建築師或工程師，對於商務人士更是如此。卡內基基金會前幾年贊助過一個調查研究，發現並證實了一個重要的社會現象：即便是在工程技術領域，那些少數拿高薪的員工，大概只有百分之十五與他的專業知識有關，而其餘百分之八十五則取決於他們處理人際關係的技巧。換句話說，一位技術人員的成功，多半與他的人格魅力和領導力密切相關，而非專業知識。

多年來，每個學季我都去費城工程師俱樂部和美國機電工程學會紐約分會授課，一千五百多人聽過我的課。這些人之所以來聽課，是因為他們也發現拿高薪的工程師通常並不是專業最強的人。我們知道，一般工程師、會計、建築師或其他專業人士用普通的薪水就請得起。唯有那些懂專業知識、善於表達、兼備領導團隊能力的人，往往才有機會獲得更高薪酬。

洛克菲勒曾在事業巔峰時期斷言：「假如獲得人際交往能力可以像購買糖或咖啡等商品那樣，我寧願付出鉅額來獲得這種能力，它比世界上任何商品都更有價值。」

每所大學都應該開設人際關係這門課，這樣就可以開發和增強我們的能力，以有效利用這種寶貴的知識財富。難道不是嗎？可惜的是，直到我寫本書之時，還未曾聽說哪所大學開設了相關課程。

芝加哥大學曾攜手基督教青年會（YMCA）的各地學校做過一項調查，專門研究成年人到底最關心哪些事情。

這項調查共花費兩萬五千美元，耗時兩年。調查最終在美國康乃狄克州的梅里登市這座典型的美國城鎮落下帷幕。當時，鎮上所有成年人都參與了調查，他們各自回答了一百五十六個問題，例如：職業和特長、教育程度、休閒方式、收入狀況、愛好、理想志向、有何困難、喜歡哪些學科……調查結果顯示，這些成年人最關心健康問題，接下來最在意的就是人際關係，包括怎樣識人、怎樣處世、怎樣才能受到歡迎以及獲得說服別人的能力等等。

調查團隊最後決定，有必要在梅里登市為成年人開設一門人際關係的課。他們費盡周折，卻很難找到一本相關教材，一本都沒有。最後，他們找到成人教育的權威人士，瞭解有關教材的資訊。這位權威人士嘆息說：「你們想找的，還真沒有！雖然我很清楚這些成年人的需求，但是相關教材至今還未問世。」

的確如此。據我所知，多年以來，我也一直苦苦追尋這本書，但一無所獲。我決定為我的人際關係課程親自撰寫一本書。現在呈現在你面前的正是這本書，希望能得到你的喜愛。

為了寫好這本書，我尋遍能找到的所有資料，有報紙、雜誌、家事法庭案例、古代哲學和當代心理學著作。不僅如此，我還聘請了一位專業的研究員協助我的工作。我們一起泡在圖書館長達一年半的時間，查詢、梳理各種心理學方面的專著，閱讀成千上萬篇雜誌文章以及無數偉人傳記，瞭解他們處理人際關係的相關資訊。我們投入大量人力、物力，不遺餘力地進行這項工作。從羅馬皇帝凱撒到發明家湯瑪斯・愛迪生（Thomas Edison），查閱了各個時期的名人傳記，僅僅是西奧多・羅斯福（Theodore Roosevelt，編註：下稱老羅斯福）的相關傳記就多達一百多本。

此外，我們還親自大量走訪當代成功人士，其中包括發明家馬可尼（Guglielmo Marconi）和愛迪生、政治領袖人物富蘭克林・羅斯福（Franklin Roosevelt，編註，下稱小羅斯福）和詹姆斯・法利（James Farley）、商業精英歐文・楊（Owen D. Young）、電影明星克拉克・蓋博（Clark Gable）和瑪麗・畢克馥（Mary Pickford）、探險家馬丁・詹森（Martin Johnson）等人[1]，試圖透過深入採訪，研究他們維護人際關係的技巧。

1 編註：馬可尼發明無線電；法利曾任美國郵政總長；楊為美國無線電公司（RCA）的創辦人；蓋博曾演出《亂世佳人》；畢克馥曾獲得奧斯卡女主角獎，被譽為「美國甜心」；詹森曾深入非洲、南太平洋等地拍攝紀錄片。

基於以上工作，我準備了一篇簡短的演講《如何贏得友誼並影響他人》，當時這的確是一篇非常簡短的文字。不久之後，我把這篇短文不斷擴充，內容豐富到可以演講一個半小時。每個學季，我都在紐約卡內基研究院講給那裡的成人學員們聽。

演講中，我鼓勵學員勇於實踐，把所學的知識運用到工作和社交當中，然後將回饋的心得與成果在班上和大家分享。這是一件非常有意思的事。那些渴望成功的男女學員們，完全被這門課牢牢吸引住，聽得津津有味。也可以說，這是人類歷史上最早創立的、唯一的成人人際關係課程。

本書的寫成並非一蹴而就。它像小孩成長一樣，在實踐中逐漸完善、豐滿，汲取了成百上千名學員的實際經驗和智慧。

多年前我只是把一些支離破碎的人際法則寫在小卡片上，逐漸收集整理好，把它們印在較大的紙張上，再後來就整理成冊，一直到最後竟然成了一本書。每一頁內容，我都多次修改和增補。歷經十五年的實驗和研究，今天這本書終於和讀者見面了。這本書絕不是理論堆砌或天馬行空的想像，它的確有「化腐朽為神奇」的現實指導意義。聽起來似乎匪夷所思，但這都是我親眼所見、親耳所聞的，這本書上所講的法則，的的確確改變了許多人的生活軌跡。

有位學員是企業家，他手下有三百一十四名員工。長期以來，他總是喋喋不休地批評、指責員工，一句好聽話的也沒說過。接觸並學習了這本書裡的法則後，他的人生態度發生了極大轉變。現在，他的公司充滿了上下團結一致、和睦、精誠合作的工作氛圍。之前三百一十四名劍拔弩張的「敵人」，變成了三百一十四名朋友。

這位學員自豪地講述了這一巨變：「以前我走進公司，沒有人理睬我。員工見到我，立刻把臉轉到一邊。而現在他們都成了我的朋友，連守衛遠遠一見到我，都親切地打招呼。」

他不僅在生意上獲得了了不起的成功，而且現在擁有了更多的閒暇時光。最重要的是，他還從家庭和工作裡獲得了比之前多得多的幸福感。

無數銷售人員也從本書中學到人際交往的技巧，從而快速提升銷售業績。有時新客戶很難接觸，而讀過此書的銷售員很快就結識了新客戶，職位提升，薪水大增。一些公司主管興奮地講述了他們的成功經歷：一位在費城天然氣公司的主管，以前喜歡爭勝好強，也沒有多少領導才能。在他六十五歲時，公司準備給他降職。幸運的是，接受本書裡的人際訓練之後，他非但沒有降職，反而得到了晉升，拿到更多薪水。

在每學期畢業聚會上，很多夫妻說，自從他們（或配偶）接受人際訓練後，家庭生活變得更加幸福美滿。這樣的事情，我聽到不止一次。學員們經常對獲取的成功欣喜不已，感覺不可思議，經常在週末打電話給我，激動地報告他們的新成績、新成果。

有的學員會互相探討書中的法則，越聊越起勁，一直聊到凌晨三點，最後發現其他人早就回家了。有人和別人探討之後，猛然發現自己的未來無限美好，激動得徹夜難眠。

這會是誰？一個沒有學識、沒見過世面、一接觸新事物就興奮的人嗎？不！絕不是。這是一位擁有高等學歷、久經商場的藝術經銷商，他社交廣泛，能流利地講三種外語，拿到了歐洲兩所大學的學位。

在我寫這篇文章的時候，我收到一位德國貴族的來信，他在橫渡大西洋的郵輪上給我寫下這封信。他的祖輩在德國貴族、霍亨索倫王朝擔任軍官。他談了很多切身感受，在運用書中的處世法則之後，不禁要頂禮膜拜它們，簡直到無以復加的地步。

另有一名學員，在紐約土生土長，畢業於哈佛大學，擁有一家地毯公司，非常富有。他說，實踐運用這些法則僅僅十四個星期，這門藝術就讓他獲益良多，甚至遠遠超出他大學四年的全部所學。

你或許感到荒唐、可笑、不可思議？或許你嗤之以鼻。但我所說的這位作風保守的哈佛畢業生，就是哈佛大學大名鼎鼎的威廉・詹姆斯（William James）教授[2]。在取得無數成功之後，他當眾做過一場演講，慨嘆這些法則的奇妙。這次演講在一九三三年二月二十三日、星期四晚上發表，當時有大約六百名聽眾在場見證。我可以如實轉述給大家——

說起我們應該發揮的潛能，其實我們只能算得上處於「半清醒狀態」。因為我們只運用身體與心智力量的一小部分。普遍來說，人們所過的生活，離自己的能力範圍還很遠。其實我們有各種潛能，只是常常不知道如何開發使用。

本書的終極目標，就是幫你釋放自身潛能，發展並利用它們創造奇蹟。讓我們一起學習如何開發自身潛能吧！

普林斯頓大學校長約翰．希本（John Hibben）博士曾說過：「要應對生活中的各種問題，唯有學習。」

要是你讀了這本書的前三章，依然對生活中的問題感到茫然失措，那麼對於你來說就是失敗的著作。因為你要像赫伯特．斯賓塞（Herbert Spencer）[3]說的那樣：「教育的最大目的不是學習知識，而是促成行動。」

這本書正是教你如何實際行動。

戴爾．卡內基 一九三六年八月

2 編註：威廉．詹姆斯為美國心理學先鋒，並提倡「實用主義」哲學。
3 編註：斯賓塞為英國哲學家，發揚達爾文學說而提出「適者生存」概念。

獲得本書最大效益的九個建議

一、閱讀本書，要想有最大成果，你必須滿足一個前提條件，它比書裡提到的任何技巧和法則都重要，如果做不到，即便學一千條、一萬條技巧和法則也沒用。或許你天賦極高，很容易就滿足這個條件，那麼不必看這些技巧和法則就可以成就自我。

創造奇蹟的前提條件是什麼？是強烈的求知欲。只有強烈的求知欲才會堅定你的決心，才會源源不斷地激勵你，提高人際交往能力。

話說回來，求知欲如何增強？其實，求知欲與書中的法則相輔相成。你只有經常、持續地對自己強調這些法則的重要性，求知欲才不會泯滅。可以試想一下，當你完全掌握並能靈活運用書中的法則時，就能創造奇蹟、財富，生活品質隨之提高，人生變得更加充實、美滿；請不斷告訴自己：「人際交往能力決定了我受大家歡迎的程度，我要幸福，我要富裕。這一切的一切，都要看我能否掌握書裡所說的人際交往技巧。」

二、拿到書先瀏覽一遍，有一個大致印象。如果純粹為了消磨時間，請不要急著精讀；當你有強烈的欲望想要提高人際交往的技巧時，便可以開始閱讀了。切記要仔細閱讀感興趣的每一頁，這樣不但節省時間，而且能更充分地學到知識。

三、閱讀時，不要囫圇吞棗，要加以思考、品味。同時不斷自問：何時、何地、在何種情況下，我可以恰當地運用這些知識。

四、拿一支筆，隨時做筆記。看到有所啟發的地方，就在旁邊做上標記，或畫一條線，標個星號以示重要。這樣不僅可以提高閱讀樂趣，而且便於日後複習。

五、有位在一家大型保險公司已經做了十五年的女性經理。每個月她都要詳細看一遍當月簽訂的合約。月復一月，年復一年，同樣的工作不知重複了多少遍。我問她為什麼還要這麼做？她說，她的經驗證明，只有這樣，才能確保每一項保險條款都熟記於心。

我曾花兩年時間，寫一本關於演講的書。我發現即使是我親筆所寫，為了能記住其中的內容，還得反覆查看。所以，千萬不要高估你的記憶力。

因此，真的想從本書中獲益，絕不要匆匆瀏覽一遍，然後束之高閣。讀完一遍，最好每個月花上幾個小時溫習一下；最好把書置於案頭，方便隨時查看。這樣，你就可以大大加強印象，知道還有豐富的成長空間等著去開發。最重要的是，切記把書中的所學付諸生活實踐。長期持續，書中的法則就會變成習慣。學習沒有捷徑可走。

六、英國作家蕭伯納（George Bernard Shaw）說：「如果只有教學，那麼學生將什麼也學不會。」沒錯，學習是發揮主動性的過程。邊學邊做，才能鞏固知識。要想真正掌握書中的知識，你要千方百計地尋找機會，應用到現實當中，不然你很快就會忘得一乾二淨。切記，只有實踐過的知識，印象才最深刻。

或許你認為，很難時時刻刻把這些知識都變成實際行動，對此我也能理解。事實上，即使在撰寫本書的此時此刻，我也很難把書中的所有法則、建議全部應用到生活中。

發怒時，你很可能立刻就指責別人。畢竟，比起耐心傾聽和瞭解別人，指責容易得多了；挑剔總比欣賞更容易；談論自己比理解別人簡單。這樣的例子數不勝數。因此，閱讀本書，要不斷提醒自己：你不是為了獲取知識而閱讀，而是為了養成良好的新習慣。你學習的是一種全新的生活方式，需要時間、恆心、不斷實踐和練習。

本書也可以看作是一本指導人際關係的行動手冊。不論什麼場合，教育子女也好，說服家人也好，或者要平息客戶的怒火，你首先要做到不衝動，因為衝動永遠是不對的。接下來，就應該向本書求助了，看看你之前在書上做的標記，嘗試按照書上的建議去應對，最後看看，是不是會有奇蹟發生。

七、每當處理與配偶、子女或同事之間的人際關係時，若你沒有做到書上的要求，可以試著給對方一塊錢，以示對自己的懲罰。這樣學習知識的過程，就變成了一個有趣而輕鬆的遊戲。

八、華爾街一家大型銀行的董事長，他在我的課堂上做過一次演講，講述他如何提高個人修養。他坦承自己教育程度不高，但如今能成為舉足輕重的金融家，一切都和他不斷善用自創的思考系統。下面是他大致的講話內容：「我經常反思，『做錯了哪些？』、『哪些做得對？』、『如何改進？』、『經驗教訓是什麼？』一開始，每週的反思都會讓我情緒低落。我常常為一些錯誤而痛苦。但是就這樣堅持了一些年，我忽然發現這些錯誤不再經常出現了。而現在我的每次反思，都會讓心情寬慰許多。『持之以恆、不斷自我剖析、自我教育』，是我用過最好的修身方式。這種方法也有助於我提高決斷能力，對處理人際關係幫助極大，我很樂意向大家推薦。」

不妨我們也用這種方法，來檢驗在本書中所學。如果你照做了，就會發現兩種結果：

首先，書中所講的知識非常珍貴。其次，處理人際關係的能力迅速提升。

九、請在書上空白處，或是利用筆記本，記下學習本書所取得的成果。最好寫清楚姓名、時間、地點和結果等內容，這樣會激勵你做得更好。或許很多年後，當你再次翻看這些內容，會發現其樂無窮。

總之，若要發揮本書的最大效用，請落實以下這九大步驟：

（一）激發並培養你對掌握人際交往技巧的強烈求知欲。
（二）每一章都認真讀兩遍後，再繼續讀下一章。
（三）邊閱讀邊思考，向自己提問題，想方設法做到更好。
（四）在重要內容上做筆記。
（五）每個月複習一遍。
（六）好好利用實踐書中知識的每個機會，把本書當成為人處世的行動指南。
（七）違反書中內容時，小小懲罰自己一下，給對方一塊錢，讓學習變成一種遊戲。
（八）每週反思，總結錯誤，汲取經驗教訓，想想哪些地方可以做得更好。

（九）在本書的最後，記錄下你的實踐成果，在何時、何地，以及過程，盡量寫詳細。

第一篇

人際關係的三大技巧

一 想採蜜就請善待蜂巢

一九三一年五月七日，紐約市發生了一起史無前例的通緝案，牽動著每個人的神經。經過數週緊鑼密鼓的偵查追捕行動，這位滴酒不沾、人稱「雙槍手」的法蘭西斯・科洛利（Francis Crowley），終於在西區大街的情人住所落入法網。

警方共出動一百五十名員警和警探，在科洛利藏身的頂樓佈下天羅地網，屋頂被鑿開一個大洞，四周建築物上架滿了機關槍，並動用了催淚瓦斯，警方隨時準備將這位「員警殺手」科洛利逼出繳械。接下來的一個小時，在紐約這座高檔住宅社區，震耳欲聾的手槍聲和「噠噠噠」的機關槍聲此起彼落。科洛利躲在一把堆滿雜物的椅子後面，不斷向警方開槍還擊。一萬多名市民緊張又興奮地觀看了整個交火過程，如此盛況在紐約街頭絕無僅有。

科洛利被捕後，警察局長愛德華．馬羅尼（Edward P. Mulrooney）對外宣稱，這位「雙槍亡命之徒」是紐約有史以來最危險的犯罪分子。「他殺人毫不眨眼。」警務處長補充說。

讓我們聽聽「雙槍手」科洛利怎樣看待自己的罪行。事實上，當警方向科洛利藏身之處開火時，他寫下一封公開信，寫信時他中彈受傷，鮮血正從傷口湧出，信紙染上一道道殷紅的血跡。他寫道：「在我衣服下藏著一顆疲憊、仁善而且也不會傷害任何人的心。」

回到事發不久前。在長島一條鄉村公路上，科洛利正和女友親熱，突然一名員警走到他的車前說：「請出示一下駕照。」

科洛利連想都沒想，立即拔槍連發數彈，擊倒了員警。隨後，科洛利又迅速跳出車，拔出員警身上的左輪槍，朝屍體補了一槍。這就是那位自稱「在我衣服下藏著一顆疲憊、仁善而且也不會傷害任何人的心」的科洛利。

科洛利最終被處以電擊死刑。當身處紐約新新監獄（Sing Sing Prison）行刑室的那一刻，難道他會說「這是我殺人應得的下場」？不。他卻這樣說：「我不過是自我防衛而已。」

這個案件令人匪夷所思的關鍵點在於，「雙槍手」科洛利自始至終，堅決不認為他做錯過任何事。

或許你會認為，這是個反常特例？如果真是如此，請看下面另一段話：「我將生命最寶貴的年華致力於取悅他人、幫助人們過上幸福生活，然而我苦苦換來的卻是被羞辱、被眾人追殺的下場。」講這段話的是阿爾・卡彭（Al Capone），美國最臭名昭著的全民公敵，他曾是黑幫頭目，罪孽深重，讓整個芝加哥雞犬不寧。卡彭發表的言論絲毫沒有自我譴責的悔意，事實上，他自視為公眾利益的捍衛者，只是不幸被人們誤解，到頭來恩將仇報。

在黑幫火拼倒地前的達基・舒爾茨（Dutch Schultz），也曾這樣評價自己。舒爾茨是紐約臭名遠揚的惡棍，他在一家紐約報紙的採訪中，卻把自己描述成造福公眾的大英雄，而且他對此深信不疑。

路易士・勞斯（Lewis Lawes）是位資深典獄官，多年服務於聲名狼藉的紐約新新監獄。有一段時間，我和他有書信往來，所談內容發人深思。路易斯在信中坦言：在紐約新新監獄，極少有罪犯會把自己視為罪人，他們都自認為是像你我一樣的普通人。他們會極力為自己辯護，開脫罪名。他們會告訴你，是什麼原因讓他們打開手槍保險，然後扣動扳機。他們大多數人會使用一套理論、謬論或邏輯，辯護自己的反社會行徑，並深信自己絕對不該進監獄。

倘若卡彭、「雙槍手」科洛利、舒爾茨以及其他高牆之內的囚犯，至死都不會對他們的所作所為感到自責，那麼你我，以及普通人會怎樣看待周圍發生的一切？

連鎖百貨公司的創始人約翰・沃納梅克（John Wanamaker）曾坦言：「三十年前，我就明白指責別人是愚蠢的做法。上帝賜予人類的智慧是不平等的，我能克服自身缺陷就已經不錯了。」

沃納梅克早就深諳此理，而我在故步自封的世界裡尋覓了幾十年，才終於領悟到百分之九十九的人，無論做錯什麼事情，都不會批評自己。世界著名心理學家——B・F・史金納（B. F. Skinner）經由實驗證明，透過獎勵好行為，動物的學習效率，遠比藉由懲罰壞行為高得多。後來研究發現，這個規律也適用於人類。指責和批評，不能讓人長久地改變，反而會招來怨恨。

另一位偉大的心理學家漢斯・賽利（Hans Selye）也說過：我們有多麼渴望獲得認同，就有多麼畏懼斥責。

指責和批評會引起怨恨，讓員工士氣低落、親朋好友反目成仇，卻絲毫不會改善現狀。

喬治・約翰斯頓（George B. Johnston）是奧克拉荷馬州恩尼德市（Enid）一家工程公司的安全協調員。他有項職責是查看施工現場的工人是否佩戴了安全帽。無論何時何地，只要他看見工人沒有佩戴安全帽，立刻會搬出公司規章制度，並用權威的口吻告訴他們必須立即改正。結果呢？工人會帶著不滿情緒，勉強重新戴上安全帽，但等他一轉身，工人還是我行我素。

於是，他採取了另一種方法。再次碰見沒有戴安全帽的工人時，他會關心地詢問，是否帽子戴著不舒服，還是大小不合適？然後他用關切、溫暖的口吻提醒工人，安全帽是專為避免意外受傷而設計的，工作期間一定要持續佩戴。這樣一來，戴安全帽的工人變得越來越多，也沒有誰因此心生不滿。

在浩瀚的歷史典籍中，你不難發現，批評發揮不了作用，例子比比皆是。老羅斯福和繼任的總統威廉．塔夫脫（William Taft）有過一次著名的爭吵。結果導致共和黨內部分裂，伍德羅．威爾遜（Woodrow Wilson）趁機入主白宮，給第一次世界大戰帶來關鍵而清楚的決策，改寫了歷史進程。

在此簡單梳理一下這個事件：一九〇八年老羅斯福從白宮卸任，當時他力挺塔夫脫競選總統。不久，老羅斯福就去非洲獵獅度假。等他歸來時卻大發雷霆，極力指責塔夫脫是保守主義，並成立了公麋黨（Bull Moose Party），試圖第三次連任總統[4]。這一錯誤舉動，重創了共和黨。在接下來的競選中，塔夫脫和共和黨僅僅得到佛蒙特和猶他州的選票支持，造成共和黨史無前例的災難。

老羅斯福指責塔夫脫，那麼塔夫脫會買帳嗎？當然不會。塔夫脫含著淚水辯解道：「我

4　編註：公麋黨為進步黨（Progressive Party）的別名，因為老羅斯福自認為「壯得像公麋」。此黨成立於一九一二年，企圖更接近民眾路線，但於一九二〇年解散。

不明白，我到底有哪些地方做得和以前不一樣呢？」

誰應該受到指責？羅斯福還是塔夫脫？顯然，我不知道，也不關心這些。我想說的是，老羅斯福的指責並沒有證明塔夫脫是錯的，只不過換來後者竭盡全力的自我辯護。他滿腹委屈、含著淚水，不斷重複著「我到底有哪些地方做得和以前不一樣呢」。

再說說舉國震驚的茶壺山油田醜聞（Teapot Dome Scandal）。當年美國公眾還從未見識過如此醜聞，在整個二十世紀二〇年代前期，報紙把這件醜聞炒得沸沸揚揚，至今令人記憶猶新。事情的來龍去脈是這樣的。阿爾伯特·福爾（Albert B. Fall）時任沃倫·哈定（Warren Harding）總統的內政部長，主持政府的海軍石油儲備招標工程，地點位於埃爾克山和茶壺山地區。

福爾競標是否公開透明？沒有。他直接將這份肥差轉交給他的好友愛德華·多希尼（Edward L. Doheny）。多希尼是怎麼做的？他給福爾獻上一筆十萬美元的鉅款。之後，福爾令美國海軍陸戰隊高調進入該地區，驅趕油田附近其他採油的競爭者。在槍炮和刺刀的威逼下，這些競爭者只好逃離。窮途末路的他們，一氣之下衝進法院，將茶壺山賄賂案揭發於眾。

這件醜聞引發極其負面的影響，遭到全國上下一致聲討，甚至威脅到哈定組建的政府，險些斷送了共和黨的前途，福爾也鋃鐺入獄。過去很少有公眾人物像福爾那樣遭到如此唾棄，他本人悔恨了嗎？不，他沒有半點悔恨之意！赫伯特．胡佛（Herbert Hoover）總統在一次公開演講中，透露了哈定的死因。胡佛將問題都歸咎於，哈定總統被朋友出賣，導致他精神上極度的不安和焦慮。

福爾夫人聞訊後，氣得從椅子上一下子跳起來，她憤怒地大聲哭泣，揮動拳頭，大聲嚷叫：「一派胡言！福爾出賣了哈定嗎？不！我丈夫從未出賣過任何人。即便滿屋子的黃金也不能引誘我丈夫做任何錯事。事實是哈定出賣了別人，才招來殺身之禍。」

瞧瞧，這就是人類的天性。做錯事的人，從來不會自責，千錯萬錯都是別人的錯。無人例外。

下一次，當我們試圖責備他人前，先想想卡彭、「雙槍手」科洛利或是福爾。我們都要明白一個道理：「指責別人」就像家鴿，總會飛回到我們身邊。當我們要糾正、批評別人，別人同樣會自我辯護，反過來批評我們。

抑或，換來謙謙君子塔夫脫的那句話：「我到底有哪些地方做得和以前不一樣？」

一八六五年四月十五日清晨，約翰．沃克斯．布斯（John Wilkes Booth）開槍襲擊了總統亞伯拉罕．林肯（Abraham Lincoln），事發地點是福特劇院（Ford's Theatre）。

林肯將要撒手人寰之際，人們把他放置在劇院對面一家廉價公寓大廳的床上。這張床十分窄小、寒磣，林肯修長的身軀只能斜躺在上面。羅莎・邦赫（Rosa Bonheur）著名畫作《馬市》的廉價複製品掛在床頭正上方，煤氣燈散發出昏黃、慘澹的光暈。

目睹此情此景，陸軍部長斯坦頓（Edwin Stanton）慨嘆道：「躺在這裡的是人類史上前所未有、最完美無缺的領袖。」

那麼，完美無缺的林肯是如何駕馭人際關係的？我花費了足足十年時間，來研究林肯的生平，再用整整三年時間寫成一本書，叫《不為人知的林肯》（*Lincoln the Unknown*）。我自認為已經竭盡心力，對林肯的個性、工作、家庭等方方面面做了詳盡且系統的研究，特別對林肯的人際關係方面做了重點研究。

林肯是否熱衷於批評別人？一點不假，林肯年輕時，住在印第安那州鴿子溪（Pigeon Creek）山谷，不僅喜歡指責別人，甚至還寫信、寫詩諷刺挖苦別人。為了引人注意，他把這些信故意丟在容易被人發現的路上。然而其中一封信，招致了仇恨，讓對方終生難以釋懷。

林肯後來成為伊利諾州春田市的執業律師，期間他故伎重演，依舊透過報紙公開指責對手，而且不止一次。

一八四二年秋，林肯招惹了一位自大又好鬥的政客——詹姆斯・謝爾茲（James Shields）。林肯在春田市的日報上以匿名信的方式對這位政客冷嘲熱諷，全城居民都因此笑得人仰馬翻。

敏感而驕傲的謝爾茲被搞得惱羞成怒。他查出信的始作俑者後便立即跳上馬，直奔林肯而去，他要和林肯決鬥。林肯對決鬥很反感，不想動手，但他不能逃避，否則就保不住顏面。對手要林肯選擇決鬥的武器。林肯手臂長，於是選了一把騎士用的長刀，同時也向西點軍校的畢業生請教了幾招。

最後，他和謝爾茲選在密西西比河岸的一處沙灘進行決鬥。慶幸的是，決鬥即將開始的前一分鐘，兩人被旁人勸住了。這是林肯一生中最不光彩的一頁，恰恰也給他在人際關係方面上了一課。自此，林肯再也沒有寫信侮辱過別人，也沒有對任何人進行指責或冷嘲熱諷。

美國內戰期間，林肯多次派不同將領指揮波多馬克軍隊，包括喬治・麥克萊倫（George B. McClellan）、約翰・波普（John Pop）、安布羅斯・伯恩賽德（Ambrose Burnside）、法蘭西斯・胡克（Frances Hook）、喬治・米德（George Meade）等人，但每次都敗北而歸，林肯急得如熱鍋上的螞蟻團團轉。國內大多數人都強烈譴責這些將領的無能，而林肯卻不置一詞，沒有任何表態。

他喜歡一句話：不去非議他人，他人也就不會非議你。在聽到夫人和其他人詛咒南方敵軍時，林肯總是說：「用不著批評這些人。倘若我們是他們，也會做同樣的事情。」

說實話，最有資格批評的人當林肯莫屬。我們來看下面的故事。一八六三年七月三日，蓋茨堡戰役爆發。七月四日晚，羅伯特・李（Robert Lee）將軍率領南方軍向南部撤退。時逢烏雲密佈，大雨如注。李將軍率部敗退至波多馬克地區，一條氾濫洶湧的河流擋住去路，緊隨其後的是乘勝追來的聯軍，李將軍身處絕境。

林肯知道此時是擊潰敵軍的天賜良機。他信心十足地命令喬治・米德將軍，無須召開軍事會議，直接發起進攻。林肯發出電報後，又追派特使，專程要米德立即執行命令。

米德的反應呢？他的所作所為恰恰背道而馳。他完全違背了林肯的命令，竟然召開軍事會議，對進攻的部署一拖再拖，甚至還找來一大堆藉口直接抗命。結果，河水退去，李將軍率部逃脫。

林肯震怒。「為什麼？」他衝著兒子羅伯特大吼：「老天啊！為什麼？敵人已經無路可逃，殲滅他們易如反掌！無論我說什麼，就是沒人聽；無論我說什麼，軍隊就是不進攻！派任何一個人上戰場都能取勝。我要是在場，非得狠狠揍他一頓。」

絕望之餘，林肯還是決定坐下來寫信給米德。要知道，盛怒下的林肯此時表現得已經相當克制。這封寫於一八六三年的信，在措辭上也是前所未有的嚴厲。

親愛的米德將軍：

放走李將軍所帶來的嚴重後果，我覺得你絕對沒有意識到。李將軍本來已經落入我們的掌控中，只要收網捕捉，加上我們連勝的戰績，戰爭很快就會結束。

而今，戰爭又要無限期拖延。如果上週一你無法放心發動攻擊，那等敵人過了河之後就會比較保險嗎？更何況你後來擁有的兵力更少，頂多只有原來的三分之二。

寄希望於你，是不理智的。我再也不對你抱有任何希望。你貽誤戰機，讓人痛惜。

我們會問，米德是怎麼回覆的？事實上，米德從未看過這封信，因為林肯從未寄出。人們是在整理林肯遺物的時候，才發現這封信的存在。我可以想像當時的情景。林肯寫完信，向窗外望去，對自己說：「等一等，或許我不應該這麼魯莽。身處安逸的白宮，給米德下個命令很簡單。但若我身處蓋茨堡，像米德將軍一樣親臨血流成河的戰場，親耳聽見傷患的哀號，或許我就不會急於進攻。假如，我和米德一樣仁慈，我也會做此決定。不管怎樣，事已至此，寄出這封信，即使能暫時發洩怒火，但說不定米德也會為自己辯護，甚至導致他反過來指責我。這樣做只會引起不快，削弱他發揮身為指揮官的所有效能，甚至造成他辭職隱退。」

或許正如我的猜想，林肯將寫好的信收了起來。他從之前痛苦的教訓中早已領悟到：任何刻薄的指責和批評都毫無意義。

老羅斯福曾談到，在他擔任總統期間，每當遇到棘手的問題，總會後傾身體，抬頭仰視白宮牆壁上掛著的那張巨幅林肯畫像，自問道：「如果林肯面臨同樣的處境，他會怎麼做？怎麼解決難題？」

下一次，當我們準備要責怪別人時，讓我們從口袋裡翻出一張五美元鈔票，仔細看看上面的林肯頭像，自問：「假設林肯也遇到這樣的事，他會怎麼處理？」

作家馬克・吐溫（Mark Twain）性情火暴，激烈的措辭甚至能把信紙點燃。有一次，他寫信給令他大動肝火的人：「去死吧！你只要開口，我立刻送你上西天。」另一回，他給一位編輯回信：「校對人員竟膽敢修改我的拼字和標點符號。我命令你，以後出現此類情況，必須一字不漏按我的原稿發表，叫那個校對人員把他的建議塞回自己腐爛的腦袋裡。」

馬克・吐溫寫了如此刻薄的信，發洩之後，心情自然會好一些。事實上，這些信並未造成任何感情傷害。因為，馬克・吐溫的夫人在寄信的時候已經私下把這類信扔掉，根本沒有寄出去。你曾想過，要勸誡你熟悉的人改掉一些壞毛病嗎？這個想法不錯，我很贊同，但為什麼不從自我做起？自私點說，以身作則比改變別人更有益，且不會有風險。

孔子說過：「苟正其身矣，於從政乎何有？不能正其身，如正人何？」

我年輕時，總喜歡在別人面前表現自己。當時，我為一家雜誌社寫文章介紹作家，還愚蠢地寫信給美國文壇的風雲人物理查．哈丁．戴維斯（Richard Harding Davis），請他介紹寫作方法。寫信之前的幾週，我收到一封信，信末寫道：「根據口述整理，未經本人審閱。」這件事啟發了我，覺得寫信的一定是位日理萬機的大人物。

儘管我當時並不忙，但為了迫切給戴維斯留下深刻印象，於是在信末也留下「根據口述整理，未經本人審閱」的字樣。

戴維斯根本沒有理睬，只是把原信退回給我。他在信底下潦草地寫了一行字：「你的態度狂傲至極。」

的確，我把事情搞砸了。這是我應得的教訓。個人而言，我非常懊惱，以致十年後，我得知戴維斯的死訊，這種情緒依舊縈繞心頭。我只是一直羞於承認，他是如何傷害我的尊嚴。

不管你多麼正確，如果明天想要引起怨恨，並讓它延續幾十年，至死方休，那麼就說些刻薄、批評的話好了。

人際交往中，你一定要明白：我們不是在和理性打交道，而是在和有情感、有偏見、驕傲、虛榮、活生生的人打交道。

尖刻的批評，讓敏感的英國著名小說家湯瑪斯．哈代（Thomas Hardy）放棄了寫作，給英國文學帶來巨大損失；也讓英國詩人湯瑪斯．查特頓（Thomas Chatterton）飲恨自盡。

班傑明·富蘭克林（Benjamin Franklin）年輕時笨手笨腳，年長後逐漸圓滑，善於人際交往，後來竟然成為美國駐法大使。他的成功秘訣是什麼？他曾說過：「我不會說任何人的壞話……對每個人都讚揚有加。」

批評、指責和抱怨，傻子都懂，且大多數傻子還會做；理解和寬容則需要良好的修養和自制力。

英國歷史學家湯瑪士·卡萊爾（Thomas Carlyle）說：「偉人，通常體現在對待小人物的態度和方法上。」鮑伯·胡佛（Bob Hoover）是一位有名的試飛員，他的身影經常出現在各種飛行表演中。某飛行雜誌記載：一天他正從聖地牙哥飛行表演後返航飛回洛杉磯，在三百英尺高空，兩個引擎突然熄火。他以精湛的飛行技術順利著陸，儘管沒有人員傷亡，但是飛機嚴重損壞。迫降後，胡佛立即檢查了燃油。不出所料，這架「二戰」時的螺旋槳飛機，油箱裡裝的是噴射機用的燃油，而不是汽油。返回機場，他找到為這架飛機服務的維修技師。年輕的技師正為自己犯下的錯誤傷心欲絕。看到胡佛向他走來，他淚流滿面，因為他的疏忽不僅毀壞了一架昂貴的飛機，而且險些讓三個人喪命。我們會自然地認為，一向愛惜榮譽、做事嚴謹的胡佛肯定會對技師大發雷霆。但事實不是。胡佛沒有說一句批評的話，相反地，他張開雙臂，給了技師一個大大的擁抱。他說：「我相信，你以後不會再犯類似的錯誤。為了證明這一點，明天你給我的F－51飛機做一次保養吧。」

父母總免不了透過批評的方式來教育子女。也許你會認為，我要鼓勵大家這麼做。但我想說，在你準備批評子女之前，請讀一篇美國名作——〈父親的錯誤〉。這篇文章最初發表於《大眾家庭雜誌》上。經作者允許，我摘抄了《讀者文摘》上發表的一段。

〈父親的錯誤〉感情真摯，感動了無數讀者，不斷被轉載，深受大眾喜愛。作者W·利文斯頓·拉尼德（W. Livingston Larned）說：「自文章出版後，〈父親的錯誤〉被美國成百上千家雜誌、內部刊物、報紙競相轉載，甚至被翻譯為多國語言。經我同意後，在成千上萬間學校、教堂和演講中，都有人使用這篇文章。數不盡的廣播、電視節目中也都引用過，連大學期刊和中學刊物也轉載過。有時候，一篇神奇的小文章，竟可以出人意料地走紅。」

〈父親的錯誤〉　W·利文斯頓·拉尼德

兒子，請聽我說，趁你熟睡的時候，我想對你說幾句話。你的小手枕在臉下，金色鬈髮貼在汗津津的額頭上。我剛獨自輕聲地來到你的房間。幾分鐘前，我在書房看報，一種莫名的懊悔突然襲來，我現在是懷著愧疚之心來到你的身邊。

兒子，我想了許久，對待你，我確實太草率暴躁了。你急著穿衣上學，隨便用毛巾抹了把臉，我就立刻呵斥你；你鞋子沒有擦乾淨，我就立刻呵斥你；你把東西掉在地板上，我也同樣立刻呵斥你。

早餐，我挑你的毛病：食物撒得到處都是，不懂吃飯禮儀，胳膊肘放在桌上，麵包上的奶油塗得太厚……你出門玩耍，我正要趕火車。你對我轉身揮手說：「再見，爸爸！」而我卻皺起眉頭，回應說：「不要駝背！」

晚上，又出現這樣的情況。在路上，我遠遠看見你跪在地上玩彈珠，長襪上磨出好幾個洞。我二話不說，當著你玩伴的面就把你押回家，故意讓你當眾丟人。我訓斥道：「襪子很貴的，要是下次你再不珍惜，就自己掏腰包買！」很難想像，這話竟然出自一位父親之口！

記得嗎？我在書房閱讀，你小心翼翼地走進來，滿眼委屈地向我張望。我移開報紙，帶著不滿情緒，抬頭看你。你退回門口，顯得猶豫不決。「你想幹什麼？」我沒好氣地問。

你一句話也不說，徑直向我跑來，摟住我的脖子親我。你的小臂膀把我摟得緊緊的。那種上帝賦予的深情在你幼小的心靈綻放，即使不被珍視也不曾凋零。之後，你快步跑開，上了樓。

兒子啊，當你離開不久，報紙從我的手裡滑落。一種難以言喻又強烈的愧疚感湧上我的心頭。我的那些惡習真可恨啊！無端挑剔、動不動就訓人。無法想像我竟然把這些惡習用在你——一個小孩子——身上。這不是我愛你的表現。這是我錯誤地用自己的年齡標準來要求你。

你幼小的心靈，充滿真、善、美。你無邪地跑進來，擁抱我，親吻我，向我道晚安。你像晨曦般，照亮整座陰鬱的大山。今晚，沒有什麼比你更重要了。兒子，黑暗裡，我正跪坐在你的床邊，羞愧難當！

這不過是無用的懺悔。我明白，即使當你醒來，我訴說剛才的一切，你也不會懂得其中的深意。但從明天起，我應該做個合格的父親！與你一起分擔痛苦，與你一起分享歡笑，對你不再說那些沒有耐心的話。我會一直告訴自己：「你只是一個小孩，一個小小的孩子。」

以前，我錯誤地把你當作成人。但看著你疲倦地蜷縮在小床上睡覺時，我才發現，你還是一個小寶寶，那個依偎在母親懷裡，把頭趴在她肩上的小寶寶。這一幕幕恍如昨日。我對你的要求太高，太苛刻了。

不要指責別人，而要努力去理解別人。努力去想，為什麼別人會那麼做？那麼做的意義是什麼？理解比指責更有益，更有意義。理解會催生同情、寬容與善意。「寬容一切，

就是理解一切。」

正如英國作家山繆．詹森（Samuel Johnson）博士所說：「上帝，即使是上帝，不到末日，也不會輕易評判世人。」

我們為何做不到？所以請大家記住——避免批評、指責或抱怨。

二 欣賞與稱讚，能激發人的潛能

你是否想過這樣一個問題：怎樣能讓他人聽從你，做你想要做的任何事情。只有一種可能。對，只有一種可能，那就是讓他心甘情願。

記住，除此之外，別無其他可能。當然了，你可以拿著左輪手槍，抵著對方的腰，讓他交出手錶；你也可以用解雇來脅迫，讓員工配合你，不論你是否在場，都老老實實地工作；你可以拿著鞭子，或其他恐嚇手段，讓一個小孩按照你的意圖做事。但是，這些簡單卻粗暴的手段同時會引發你不想看到的「副作用」。

首先要滿足別人，別人才會願意按照你的指令做事。那什麼是人們想要的？按照心理學家西格蒙德．佛洛伊德（Sigmund Freud）的說法，每個人做事的動機源自兩點：「對性和成功的欲望」。美國著名哲學家約翰．杜威（John Dewey）的觀點有所不同。他說：人類內心深處最重要的欲望是實現「受重視的渴求」。這是非常重要的一點。你可以發現，本書很多內容都圍繞這一點展開。

你想要什麼？其實並不多。無可否認，你會有一些執著追求的事情，而絕大多數人想要的無非是：

一、健康長久的生命。
二、食物。
三、睡眠。
四、錢，以及錢能買到的物品。
五、對未來的期望。
六、性滿足。
七、子女的幸福。
八、受重視的感受。

上面所有需求幾乎都比較容易滿足，除了最後一條。這一條，像食物與睡眠一樣，也是人類的必需品，但難以滿足。這就是佛洛伊德所說的「對成功的欲望」，或杜威的「受重視的渴求」。

林肯曾在一封信的開頭寫道：「人人都愛聽恭維話。」威廉・詹姆斯說：「人類最本質的天性，就是渴求被人欣賞。」他在這裡沒有用「希望」（wish）、「想要」（desire）或「期望」（long），而是用了「渴求」（crave）一詞。

人們總是苦惱而迫切地想滿足此天性的渴求。若能真誠地滿足他人這種內心渴求，就能給對方帶來深遠的影響。但這類人極為少數，要是有一天離開人世，就連送行者都會為之惋惜。

「想要有受人重視的感覺」，也是人與動物的重要區別。我小時候，生活在密蘇里州的農場。我父親養殖了一些杜洛克─澤西（Duroc-Jersey）良種豬和純種白臉牛。我們常參加鄉村集市或中西部牲畜的展銷會，展示我們的豬和牛，並獲得了幾十項頭等獎。父親把這些絲質獎章掛成一串，再用別針別在一條白色的布上。每逢家裡來了親朋好友，他一定會拿出這些獎章，和我各持一端，把獎章展示給大家看。

農場裡的豬並不關心牠們得了什麼獎。父親卻很在乎，因為獎章讓父親得到受重視的感覺。

假如人類的祖先不迫切地去追求受重視的感覺，今天的文明也無從談起，人類也與其他動物談不上區別。

正是在這種渴求驅使下，一位沒受過教育又極度貧窮的雜貨店夥計，決定去認真研讀法律書。他從裝有一大堆雜物的木桶底翻出這些書，花了五十美分買到手。或許你聽說過這個雜貨店夥計，他的名字是林肯。

追求受重視感的欲望，激勵著英國作家查爾斯・狄更斯（Charles Dickens）寫下不朽之作，激勵著克里斯多福・雷恩（Christopher Wren）爵士設計出舉世矚目的建築。這種欲望，還激勵著石油大王約翰・洛克菲勒（John Rockefeller），讓他創造出一生都花不盡的驚人財富；激勵著這個城市裡的富豪們，建起遠遠超出實際需求的大豪宅。

也正是這種欲望，讓你穿上最時尚的服裝，開著最新款的車子，向別人誇耀自家孩子何等聰明。這種欲望，也引誘年輕人加入犯罪集團。紐約前警察局局長馬羅尼說：「現在，一般年輕罪犯都非常自大，被捕後的第一反應，往往是先要看報紙上有關他們殘暴罪行的報導」。在報紙上，自己的照片與那些大牌明星、政治家的頭像放在一起，他們很享受那種感覺，儼然成了「英雄」，而對日後悲催的牢獄生活倒顯得滿不在乎。

如果你告訴我，什麼事情讓你最有滿足感，我就能立刻判斷你是什麼樣的人。因為對每個人來說，這是極其重要的事情，最能體現人的性格。

洛克菲勒追求受重視感的方式是——在中國北京建了一家現代化醫院，為成千上萬素不相識或許永遠不會謀面的窮人治病。江洋大盜約翰・迪林傑（John Dillinger）正好相反，他搶劫銀行、濫殺無辜，引來聯邦調查局追捕。最後他不得不躲進明尼蘇達州的一間農舍。但是，他竟然以美國頭號公敵的身分，自豪地對農舍主人炫耀說：「我不會傷害你。我就是大名鼎鼎的迪林傑！」

迪林傑和洛克菲勒最大的不同，體現在追求受重視感的不同方式和途徑上。

歷史上許多名人也渴求得到他人的重視，引發了很多趣聞逸事：喬治·華盛頓（George Washington）樂於聽別人尊稱他「美利堅共和國總統閣下」；探險家哥倫布（Cristoforo Colombo）懇求政府賜予他「大洋統帥及印度總督」的稱號；俄國的女皇凱瑟琳對沒有尊稱她為「女王陛下」的信件一概不看；在白宮，林肯夫人竟像母老虎般飛揚跋扈，她對尤里西斯·格蘭特（Ulysses Grant）將軍的夫人大吼道：「沒我允許，妳怎敢在我面前就座！」

一九二八年，理查·伯德（Richard E. Byrd）將軍接受一些美國百萬富翁的資助，起程去南極洲探險。但資助這項考察的前提條件之一，是用這些富翁的名字，給新發現的冰山命名。作家維克多·雨果（Victor Hugo）曾一度無比渴望將巴黎改成他的名字，連光芒萬丈的莎士比亞也曾千方百計、費盡周折地為他的家族爭取了一枚盾形徽章，用來光宗耀祖。

為了獲得存在感，人們甚至透過展示自身的傷病，來博取同情和關注。

威廉·麥金利（William McKinley）總統的夫人為了獲得受重視的感覺，竟然要求丈夫放下國家大事，親自跑到她的床邊，一連幾個小時陪著她，摟著她入睡。看牙醫時，她也一定要丈夫陪在身邊。一次麥金利總統正好與國務卿約翰・海伊（John Hay）有約，留下她一人看牙醫，她為此怒髮衝冠，大鬧一通。作家瑪麗・羅伯茨・萊恩哈特（Mary Roberts Rinehart）曾對我說：為了獲得關心，一位精力充沛、聰明伶俐的年輕女子，突然裝病，臥床不起。「這位女子，一裝病就是十年。她住在三樓臥室，為了伺候她，上了年紀的母親不得不為她端茶送飯，在三層樓梯上爬上爬下。直到一天，老人勞累過度，倒下撒手人寰。這個裝病的女人傷心了好幾週，終於又重新下床，穿好衣服，繼續過正常人的生活。」

萊恩哈特夫人說：「總有一天，這位女子仍舊不可避免地要面對現實，年歲衰老、孤獨無依，可期待之事寥寥無幾。」

一些權威專家宣稱，因為忍受不了現實世界的嚴酷，有些人會出現精神錯亂，在癲狂的夢幻天地中找出受重視的感覺。在美國，精神疾病患者的數量，比其他疾病患者的總數加起來還要多。

到底是什麼導致了人們精神分裂，尚無定論，不過已知的一些疾病，如梅毒，就會損害大腦神經細胞，使人精神錯亂。由生理疾病引起的精神疾病約占一半，包括大腦損傷、酒精中毒和肢體外傷。但令人不解的是，還有一半精神病患者的腦細胞，並未發現任何異常。專家對這些患者進行驗屍解剖，發現他們的腦神經和普通人一樣，即使在高倍顯微鏡下，也未找出任何異常。

那麼，究竟是什麼導致這些人的精神出了問題？我拜訪過最著名的精神病醫院，請教一位主任醫師，他因為相關的專業知識，獲得精神醫學界最高榮譽，得到眾人欽羨的各種獎章。醫生坦言，他也搞不清楚，事實上沒有人能給出確切答案。接著，他又補充道，這些精神病人，透過發瘋這種方式，能獲得在現實中難以獲得的受重視感。他講了一個故事：

我有一個精神病人，她的婚姻非常不幸。她渴望愛情和性的滋潤，渴望有個孩子和好聲譽。但這一切都被現實的殘酷撕得粉碎。丈夫根本不愛她，甚至拒絕與她共同用餐，命令她把飯菜端到樓上他的房間。她沒有孩子，也沒有社會地位，終於有一天她患上了精神疾病。在精神錯亂的世界裡，她認為和丈夫已經離婚，恢復了婚前的姓氏。她覺得，現在的她已經與一位英國貴族結為夫妻，並堅持讓別人叫她「史密斯夫人」。

而且，她還幻想著每天晚上她都會生下一個孩子。每次我見到她，她都會說：「醫生，昨晚我又生了一個孩子。」

現實的殘酷，如同尖利的礁石，無情地摧毀了她載滿夢想的帆船。但在幻想的「海島」上，豔陽高照，夢想之舟又一次起航，乘風破浪，駛向幸福的彼岸。

這能算作悲劇嗎？呃，我不太確定。

醫生告訴我：「即使我有能力治癒她的精神疾病，我也不會那樣做。她現在的狀態不是更快樂嗎？」人們如此渴望獲得他人的認同，甚至以發瘋為代價。假如在他們瘋癲前，我們趁早把欣賞、讚許都給對方，想一想，會有什麼奇蹟發生？

在不用繳納所得稅、一週掙五十美金都堪稱富人的時代，查爾斯·施瓦布（Charles M. Schwab）已經成為美國少有的百萬年薪富豪。一九二一年，安德魯·卡內基（Andrew Carnegie）提拔他為新成立的美國鋼鐵公司總經理，當時他才三十八歲。（後來施瓦布離開美國鋼鐵公司，接管處於困境的伯利恒鋼鐵公司，並一手將其打造成美國獲利最豐沛的公司。）

安德魯·卡內基憑什麼給施瓦布開出百萬美元的年薪（合計每天三千多美元）？施瓦布難道是天才嗎？不。他比別人更瞭解鋼鐵行業？不見得。施瓦布曾親口對我說，他手下一些員工，瞭解的鋼鐵專業知識遠遠比他更多。

施瓦布坦言，他能拿到如此之高的薪水，主要得益於他高超的人際關係本領。我問他是如何做到的，他說：「我認為，有效激發員工的工作熱情，就是我擁有的最大財富。只有透過欣賞和鼓勵，才能挖掘出每個人的最大潛能。」

他接著說：「我從不批評人。上級的批評和指責，只會扼殺員工的雄心壯志。我只相信，給人向上的動機才能推動工作。所以我總是急著要讚美他人，必要時才指出錯誤。若說我熱衷於什麼事，那麼就是：嘉贊以誠，不吝褒揚。」

以上就是他親口傳授的秘訣。這些金玉之言，應該刻在耐久不壞的銅牌上，懸掛在每家每戶、每所學校、每間商店及辦公室裡，每個小孩都應該熟記，而不是浪費時間背誦拉丁文的動詞變化，抑或巴西的年降雨量。如果真能實用這些秘訣，我們的生活將發生翻天覆地的變化。

這些是施瓦布的寶貴經驗。現在來看看一般人是怎麼做的？恰恰相反，假如討厭某件事情，我們會立即提出批評；即使有好感，眾人也通常緘口不談，這就驗證了俗話所說的：「好事不出門，壞事傳千里。」

施瓦布補充道：「我一生交際廣泛，和全球許多名流都打過交道。我發現，幾乎所有人，不論名望大小，地位高低，當聽到讚美和欣賞之言，工作效率就會提高許多，取得的成就也會更出色。」

安德魯．卡內基的成功也與此密不可分。卡內基無論在私下或公開場合，都毫不吝嗇地誇讚他的員工。甚至他將對別人的誇讚刻在自己的墓碑上：「斯人長眠此地，無數比他優秀的人都曾與之為伴。」

約翰．洛克菲勒與人相處的首要秘訣是：誠摯地讚美、欣賞他人。一次他的生意合夥人愛德華．貝德福（Edward T. Bedford）把他們在南美洲的收購生意做砸了，損失逾百萬美元。本來洛克菲勒完全有理由把貝德福痛批一頓，但是出人意料，洛克菲勒並沒有這樣做。因為洛克菲勒深知，事已至此，貝德福也竭盡了全力。他看到的是積極的一面，他發電報祝賀貝德福挽回了百分之六十的投資，並安慰他說：「事情做到這個地步已經不錯了，不可能要求每筆生意都穩賺不賠。」

我有一張剪報，我並不確定上面的故事是否屬實，但其中透露的哲理還是值得與大家分享的。

這個聽來荒誕的故事是這樣的：有位農婦，結束一天繁重的工作後，在家裡男人們的飯桌前放上一堆乾草。男人們憤怒了，問她是否瘋了。她回答：「有什麼不對的？你們不吃乾草？二十多年來，我一直給你們做飯，做好做壞你們從沒有表態過。我還以為吃飯吃草對你們來說都一樣呢！」

幾年前，有人針對離家出走的婦女展開研究。想瞭解是什麼導致她們離家出走。研究發現，「缺乏欣賞」是最終原因所在。我打賭，這也適用於男人。我們通常會對配偶所做的一切習以為常，所以我們從來不對配偶表示欣賞。

在課堂上，一位學員講到，妻子對他提出一個要求。他的妻子與其他女士在教會參加了一項自我提升的培訓課程，要求丈夫列出「使妻子變得更優秀」的六件事情。他說：「這個要求令我感到很吃驚，要列出讓我妻子變得更優秀的六件事情相當容易。老天，假如換作我妻子的話，她或許會為我列出上千件。於是，我對此避而不答，只說：『讓我想想，明天再回答。』

「第二天，我一大早打電話到花店，請他們為我妻子送來六朵玫瑰花，並附一張字條，寫道：『我實在想不出能改變妳的六件事，我就是喜歡妳現在的樣子。』

「當晚我下班回家，你猜誰在門口迎接我？對了，是我妻子。她雙眼濕潤。可想而知，我真是慶幸沒有照她的要求提出評批。

「她把這件事講給大家聽。接下來的一個週日，與她一起前來的女士們看到我後對我說：『沒有人比你更善解人意了。』而我也因此體會到讚美的力量。」

佛洛倫茨．齊格菲爾德（Florenz Ziegfeld）是美國最有名的製作人。他能像變魔術一樣，讓一個毫無特色的女子在百老匯一夜成名，成為舞臺上的當紅主角。他深諳讚美和自信的力量。他總會用殷切的關懷讓女人充滿自信，相信她們是最美麗的。他很務實，為合唱團女子都加了薪，從三十美金一直加到一百七十五美金。他也非常體貼，《富麗秀》（Follies）

首演當晚，他親自發賀電給明星演員，為每一位合唱團的女子送上象徵「美國麗人」的玫瑰花。

我記得，我曾跟風參加過一次禁食活動。整整六天六夜沒有吃任何東西。這個其實並不難做到，當第六天結束的時候，我覺得並不比開始的第二天更饑餓。眾所周知，沒有人會強迫家人或員工絕食六天，因為這是犯罪行為。但我們卻經常會長達六天、六週甚至六十年都不給別人報以誠摯的讚美，而這些讚美恰恰如食物一樣不可或缺。

阿佛雷德．倫特（Alfred Lunt）主演過《維也納的團聚》，他是那個時代最著名的演員之一。他說：「我需要的一切事物中，沒有什麼比滿足自尊更重要的了。」

我們供養孩子、家人或員工，但很少足夠關注他們的自尊心。為身體營養所需，我們提供了烤牛肉、馬鈴薯，但是卻忽視說令人愉悅的讚美之言，而這些讚美之言像一首美麗的晨曲，會永存人們心中。

保羅．哈威（Paul Harvey）在廣播節目《故事之外》講過一個故事，說明誠摯的讚美如何改變一個人。故事發生在底特律，史蒂威．莫里斯（Stevie Morris）的老師請他找出藏在教室裡的一隻老鼠。事實上，史蒂威擁有超群的聽力，這也算彌補他失明的缺憾吧。顯然，老師認可並欣賞史蒂威擁有的超群才能。對史蒂威來說，這是人生第一次聽到有人讚美他的聽力。好多年過去了，他仍記憶猶新。他說，這次讚美開啟了他的新人生。從此，史蒂威，也就是藝名史蒂夫・汪達（Stevie Wonder），透過努力挖掘自身的聽力天賦，最終成為當代最有名的流行歌手兼詞作家[5]。

有些讀者讀到這裡，可能會說：「不就是阿諛奉承，油腔滑調！我試過，這一套在有修養的人那裡根本不管用。」當然了，對有洞察力的人，阿諛奉承的確不奏效。因為那代表了淺薄、自私和虛假。毫無疑問，肯定不會奏效。不可否認，那些急切渴望得到讚美的人，會饑不擇食，囫圇吞棗地接受一切好聽話。就像餓極了的人會吞食野草、蟲子一樣。

就連英國女王維多利亞，對阿諛奉承也毫無抵抗力。英國首相班傑明・迪斯雷利（Benjamin Disraeli）承認，他經常毫無節制地當面恭維女王，用他的話來說：「伺候地服服貼貼」。迪斯雷利是英國歷史上少有的圓滑、老練、機敏之人，曾擔任日不落帝國的「總管」，絕對是政治上的天才。他信手拈來的舉動，並非適合你我。長遠看，阿諛奉承弊大於利，因為這是虛假的事情，就像假鈔，老是使用，終會惹麻煩的。

讚美與奉承的區別在哪裡？不難區分。前者真誠，後者虛偽；前者發自內心，後者流於口頭；前者無私，後者自私；前者讓人稱道，後者令人鄙夷。

前一陣子，我參觀了位於墨西哥城的查普爾特佩克城，裡面立著墨西哥英雄阿爾瓦羅・奧夫雷貢（Álvaro Obregón）將軍的半身像。在雕塑下方鐫刻著他的一句名言：「不要懼怕那些攻擊你的敵人，但要提防那些奉承你的友人。」

阿諛奉承，絕對不是我要提倡的。我所宣揚的，是一種新的為人處世方式。我再一次強調，全新的為人處世方式。

英王喬治五世在白金漢宮的書房牆上掛有六則座右銘，其中有一條：「不說也不接受廉價的讚美。」廉價的讚美，指的就是阿諛奉承。

我讀過一則「奉承」（flattery）的定義：「奉承他人，就是告訴別人你是如何看待自己的。」

詩人拉爾夫・愛默生（Ralph Waldo Emerson）說：「無論你使用何種語言，你說的話唯一的意義就是反映你的天性人格。」

如果所有人都學會阿諛奉承，所有人都在迎合他人，那麼這世上將到處都是「人際專家」。

如果不去思考一件特定的事，那麼有百分之九十五的時間，我們都是在思考自己的事。假如暫時放下自己，開始想想別人的優點，就不必訴諸於廉價且言不由衷的奉承話，而那

5 編註：史蒂夫・汪達出生於密西根州，自小就失明，但對音樂有極高天分，精通多項樂器，包括鋼琴、口琴等，創下許多膾炙人口的名曲。

些話還沒說出口就會被識破了。讚賞別人是生活中常常被忽視的美德。出於某種原因，孩子放學校後告知獲得好成績，我們卻忘記讚揚他；孩子第一次成功地烤了一個蛋糕，或做了隻鳥籠，我們卻沒有鼓勵他。事實上，沒有什麼比家長的關注和鼓勵更令孩子開心的了。

下次，當你在餐館享用菲力牛排時，千萬別忘記讚美廚師的手藝；當疲倦的銷售員依然展現特有的禮貌時，千萬別漠然無視。

不論牧師、教師或任何一個演講者都明白：如果滔滔不絕的演說得不到聽眾的絲毫反應或熱烈迴響，將是多麼沮喪啊！

同樣，在辦公室、商店、工廠，甚至家人、朋友之間，這樣的沮喪一樣令人難以接受，甚至受到更大的打擊。

在日常人際關係中，千萬不要忘記，身邊的親友都是一般人，都渴望得到讚賞。這種精神貨幣通行全球，人人都樂於享用。

在日常生活中，我們要隨時留下讚美。日積月累，這種小小的讚美，會催生友誼之花，等你下次再來時，已經花開滿園。

潘蜜拉．鄧納姆（Pamela Dunham）來自康乃狄克州新費爾菲爾德（New Fairfield），她有一項工作職責，是監督一位可憐的清潔工。其他人總是嘲弄這個清潔工，故意在走廊隨便亂扔垃圾，讓他苦不堪言。這份工作太悲慘了，大把寶貴的時間都浪費在清掃商場上。

潘蜜拉試過各種方式，激勵這個清潔工，但都不奏效。她發現，他偶爾也會幹出一些漂亮的事，於是立即抓住時機，當眾表揚了他一番。之後，他的工作做得更好了，其他工作的效率也隨之大為提高。現在這個清潔工已經有了一份體面的工作，得到了周圍人們的認可和欣賞。以真誠讚賞獲得的成果，用批評和譏笑永遠也得不到。

傷害和打擊，不能讓人變得更好，而且絕不可取。我選了一則古老的格言，剪下貼在鏡子上，每天都可以看見：

人生只有一次，凡是善行，應立即去做；凡是善意，應立即對人表達，不要遲疑、輕忽，錯過了無法重來。

愛默生說：「周圍的人，都在某些方面比我更出色。我應該向他們學習。」

愛默生尚且如此謙虛，我們有何理由驕傲？做人，不要急於炫耀，或急於索討。要先看到別人的優點，不要虛假地奉承，要報以真誠的讚賞。「嘉贊以誠，不吝褒揚。」只有這樣，人們才會珍視你說的每句話；即使你已忘卻，但是別人仍對你念念不忘。

三　「感覺對方感受」的換位思考

夏天，我常去緬因州垂釣。我喜歡吃草莓和奶油，而魚兒與我不同，只愛吃蟲子。釣魚時，我會仔細觀察魚兒都愛吃什麼，而不是只關注自己的喜好。因此，我不會拿草莓和奶油當魚餌，只會選擇蟲子或蚱蜢。

與人交往，何不用同樣的垂釣之道？英國首相勞合．喬治（Lloyd George）就是這樣做的。當第一次世界大戰結束，像美國總統威爾遜、義大利首相維托利奧．奧蘭多（Vittorio Orlando）和法國總理喬治．克里蒙梭（Georges Clemenceau）這樣的領導人物已逐漸被人遺忘，有人問勞合．喬治為何還能在政壇呼風喚雨。他回答，如果真有什麼能解釋他「寶刀未老」，一定是與他深諳「釣魚」之術密不可分。

人們總是大談特談自己的需求，既幼稚又荒謬。顯然，關心自己的需求和興趣，這是亙古不變的真理。然而，這些需求或興趣別人是不會關心的，因為他們也像你一樣只在乎自己的感受。

如何影響他人？全天下只有一個方法：聊聊對方想要什麼，並教他們如何得到。

記住這點，下次你拜託別人幫忙的話，一定會派上用場的。比如你想叫孩子別抽菸，記得不要說教，不要說你想要他變好。只需讓孩子知道，吸菸的話就沒有資格加入籃球隊，也贏不了百米賽跑。

不管你要打交道的是孩子、牛犢或猩猩，這個道理要始終銘記於心。一天，詩人愛默生和兒子一起試圖把小牛趕回牛圈。他們一心想立刻達到目的，卻犯了常識性的錯誤。愛默生從牛後面使勁推，兒子在前面用力拉，但牛死活都不聽話，四蹄緊蹬，不肯挪半步。一位路過的愛爾蘭女僕看到此情形，雖然她不懂得寫文章，但卻比愛默生更瞭解牛的脾性。她明白小牛想要什麼，於是把自己的手指放進牛嘴裡，一邊讓牠吮著手指，一邊把牠牽進了牛圈。

自出生的那刻起，你做的每件事，都是出於本能的需求。憑什麼要給紅十字會大筆捐款？因為慈善救助是你出於自願。你伸出援手，想做出美好、無私、聖潔的奉獻，正如《聖經》中耶穌所言：「我確實地告訴你們：你們為我這些弟兄中最小的一個所做的事，就是為我做了。」

倘若你對善舉不及對財物的喜愛，就絕不會有任何捐贈行為。當然，你或許因為羞於拒絕，或應客戶要求而去做善事。但可以肯定的是，你一定是出於某種需求而捐贈財物。

哈利．奧佛斯特里特（Harry Overstreet）在他的著作《影響人類的行為》（*Influencing human behavior*）一書中談及：「人類的行為由欲望驅使……不論在職場、家庭、學校或政壇，想要說服別人，首先要激發別人的需求欲望。能做到這一點，我們到哪都能左右逢源，而不會孤單無助。」

安德魯．卡內基這位蘇格蘭人曾一貧如洗。年紀輕輕就開始工作，每小時只能賺到兩美分。後來，他竟有辦法捐出三億六千五百萬美元。雖然只受過四年教育，但他很小就學到與人相處之道，他明白，想要影響人們就要瞭解他們的需求。

比方說，他的嫂子經常為兩個孩子擔心，後來竟然憂慮成疾。但兩個孩子都在耶魯大學，終日忙於各自的事務，沒有回覆家信，對母親的擔憂也不理會。

卡內基打賭一百美元，聲稱他用不著懇求，就能讓兩個孩子乖乖回信。他分別寫信給兩個侄子聊聊家事；信末若無其事提到，隨信附上五美元。

事實上，卡內基並沒有把鈔票塞入信封裡。兩個侄子果然回信以謝謝叔叔的關心：「親愛的安德魯叔叔……」我不說，你也一定會猜到信接下來的內容。

班上有一位學員叫斯坦．諾瓦克，來自俄亥俄州的克里夫蘭，他講了一個故事：一天晚上回家，他發現小兒子提姆在客廳地板上又哭又鬧，因為第二天他就要去上幼稚園了。他死活抗拒著，就是不想去。要是平日，斯坦一定會把兒子叫到房間，嚴厲地告訴他，明天無論如何都得去上學。但是今晚，斯坦意識到這樣或許不會奏效。於是他坐下來思考：「假如我是提姆的話，有什麼理由能讓我高高興興地去上學？」他和妻子商量了一下，列出提姆在幼稚園感興趣的事情，像是玩手指畫、唱兒歌、交朋友等。然後，他們就展開行動。

「我、妻子莉爾還有另一個兒子鮑伯，我們三人一起在廚房餐桌上開始玩手指畫。我們玩得很開心，不一會兒，提姆就偷偷站到牆角，看著我們玩。後來他實在忍不住，要求加入我們。『不行，除非你明天去幼稚園和其他小朋友一起畫畫。』我用他聽得懂的話，還繪聲繪影地說，幼稚園還有其他更有趣的事情，只有上學才能去做。

「第二天，我以為我是第一個起床的。來到客廳一看，提姆竟然躺在沙發上。他在沙發上睡了一晚。我問：『你怎麼睡這兒？』他說：『我一直在等著去幼稚園呢。我才不要遲到。』

「你看！我們燃起了提姆內心上學的強烈欲望，按平時的方法硬來的話，這是根本不可能的。」

明天，也許你要請某人辦什麼事情。切莫著急，開口前請問問自己：「怎麼做才能讓對方感興趣，並按我的意圖去做？」這樣能避免我們唐突地做一大堆毫無意義的交涉。

有段時間，我租下紐約一家飯店的宴會廳用作講課，每一季用二十個晚上。

有一期開講前，飯店突然通知我，要我必須支付比之前高近三倍的租金。而此時，入場券和演講公告已經發佈出去了。

當然，我不願意支付額外租金。即便和飯店協商又有何用？對方只關心利潤。想來想去，我還是找飯店經理來談。

我這樣說：「接到你們的通知，我很吃驚。但沒有責怪你們的意思，換作是我，也可能會做同樣的事。身為飯店經理，創造利潤是職責所在。如果不那麼做，你可能會被辭退。但假如你堅持要漲租金，那我拿張紙出來，我們現在一起權衡一下你的得失。」我拿出一張紙，在中間畫一條線，一邊寫上「好處」，另一邊寫上「壞處」。在「好處」一邊，我寫下「騰出宴會廳」。然後告訴他：「你可以拿宴會廳舉辦舞會或會議，收益會不錯，因為其他活動都比我給你的租金多很多。一學期下來，我會占用你二十個晚上，很多利潤就這麼沒了。

「好了，再讓我們看看壞處吧。首先，如果你堅持漲價，反而會減少你的收益，因為我付不起租金，只好另尋別處，這樣你這項收益將為零。

「另外，來聽我演講的都是有文化與教育素養的人士，對飯店也算是一種宣傳，難道不是嗎？即使你花五千美元，在報紙上做廣告，也不一定比我的演講更能為飯店帶來關注。如果沒有了，飯店也算損失不少，不是嗎？」

說完，我把這兩點寫在「壞處」一邊，然後把紙條交給經理：「希望你能慎重考慮一下，再把最後的決定告訴我。」

第二天，我就收到飯店的通知，只要求租金加一半，而不再是三倍。

請注意：剛才我沒有任何一句話，談到我想要怎樣怎樣，但最終還是減少了租金。事實上，我一直站在對方的立場，為對方著想。

一般人碰到這種事情，會怎麼做？他會直接衝進經理辦公室，大聲嚷道：「什麼意思啊！你明明心裡清楚，我的入場券和演講公告已經發出去了。現在又要加三倍租金。三倍租金？太可笑、荒謬了！我才不會加錢！」接下來呢？我們之間一定會爆發激烈的爭辯，甚至演變為吵架，後果可想而知。即使經理意識到錯誤，但他的自尊心也不會讓他做半點退讓。

汽車大王亨利·福特（Henry Ford）有一句處世名言：「成功的秘訣是什麼？理解他人，站在他人的角度看問題，就當是自己的問題一樣。」

這句話太棒了！我要重複一遍：「成功有什麼秘訣？理解他人，站在他人的角度看問題，就當是自己的問題一樣。」

這道理再淺顯不過了，任何人都明白，但這個世界上百分九十的人，在百分九十的場合，都恰恰忽視了這點。明天，請看一眼你桌子上的信。絕大多數書信，都犯了常識性的錯誤。舉例來說，有家廣告公司，它的分部遍及國內各地，其電臺業務負責人寫信各地方電臺的經理。（括弧裡是我的評語。）

收件人：約翰．布蘭克先生　收件地址：布蘭克威爾，印第安那州

敬愛的布蘭克先生：本公司希望，今後繼續保持在電臺廣告業的領先地位。

（誰會關心你的公司？我自己的問題都操心不完了。銀行要抵押房子；花園快被蟲子吃光了；昨天股市大跌；今早我沒趕上八點十五分的班車；昨晚瓊斯的舞會沒有邀請我；醫生告訴我有高血壓、神經炎、頭皮屑過多。該怎麼辦啊？我心煩意亂，一路跌跌撞撞趕到公司。打開信箱，一個不知名的傢伙寫信來，講一大堆亂七八糟的事情，什麼公司發展規畫，胡說八道！他要是真明白這封信會給人留下什麼印象，早就該離開廣告業，去製造牧場用的消毒水了。）

本公司的廣告客戶都是全國廣播網的骨幹，我們持續賣出電臺的時段，每年業績都是名列前茅。

（貴公司富甲天下、位居鰲頭，是真的嗎？那又能怎樣？即便像通用汽車、奇異電器和美國陸軍加起來那麼大規模，也和我沒有絲毫關係。假如你有蜂鳥一半大的頭腦，就應

該知道，我關心的只有自己，而不是你的規模大小。你的「豐功偉績」只是為了讓我顯得渺小和無用。）

> 我們希望能為客戶提供電臺的最新資訊。

（「你希望……你希望」大笨蛋！我不在乎你希望什麼，甚至不關心美國總統的希望。直接告訴你吧：我只在乎我的事。可憐哪。在你這封可笑的信裡，隻字未提客戶想要的。）

> 在推廣貴臺的資訊時，你一定要把敝公司放入優先名單。我們深知，各種細節都有助於業務精準下定廣告時段。

（「優先名單」？你們真了不起！剛才大吹大擂，為了讓我顯得渺小，現在又要我把你們排入「優先名單」，甚至連個「請」字都不說，就提出要求。）

> 回信從速。說明貴臺的近期業務，這樣對雙方都有莫大幫助。

（愚蠢！你寄給我的這封廉價信件，彷彿像大街上隨處都可看到的樹葉，還全國大範圍地放送。竟然在我擔心銀行要抵押我的房子、花園都被蟲子吃光、高血壓病發的嚴峻情況下，要我坐下來給你回信。居然還要「從速」。「從速」什麼啊？你不知道我和你一樣忙嗎？至少，我還可以體會到你的忙碌。誰給你那麼大權力，指使我做這做那？對，還好你提到「雙方」這個詞。可惜最後才提。到底對我有多大幫助？信中只不過含含糊糊地敷衍而過。）

誠摯的約翰．杜伊電臺廣告部經理

又及：附上《布蘭克威爾日報》一份。希望你感興趣，並在貴臺播出。

（在附言中，你終於提到對我的好處了。但有什麼用？為什麼一開始不說？你犯了廣告商的大忌，一定是頭腦有問題。你其實不需要知道我們的業務，你只需要一升碘酒，注射到你的甲狀腺裡，然後上西天。）

說到要刺激客戶的購買欲，但如果連投身廣告業的「專家」信都寫成這種水準，那麼對於其他行業，如屠夫、麵包師或汽車工人，你還能抱有多大期望？

還有一封信，是某家大型貨運站的營運主管寫給我的學員愛德華・佛雷姆。收信人會有何感想？先讀一下，再做評論：

寄件地址：紐約，布魯克林，前大街28號，郵編：11201

收件人：澤利嘉兄弟義大利麵公司 愛德華・佛雷姆先生

先生您好：

據悉，本公司外部的鐵路轉運站之運營遇到了一些問題。由於貨物大都在傍晚集中轉運至此，處理流程堵塞、工人加班加點、貨車無法準時卸貨，因此有些貨物不能準時送出。

十一月十日，本公司收到貴處貨物共五百一十件，到達時間為當日下午四點二十分。今後，為避免貨物延遲而造成不利影響，我們請求貴司能就以下方面進行配合：如貴司發送大宗貨物，能否讓貨車提前送達轉運站？或改為上午、下午分批送貨？這樣對貴司也有諸多裨益：貨車裝卸時間提前，並可及時返程，從而保證貴司貨物能當日發出。

營運主管 J・B

致敬

讀罷此信，佛雷姆將信轉發給我，並附有評論：「這封信產生的效果和預期中的恰恰相反。信中一開始羅列了轉運站的種種困難。平心而論，我對這些並不感興趣。隨後又提及要我們配合工作，卻絲毫不顧及我們的感受，隻字未提給我們造成的不便。直到末尾，信中才提到：如雙方合作，貨車將會及時返回，貨物也能保證當日發出。

「也就是說，與我們息息相關的事情，對方在最後才提及。整體來看，這封信只會讓人覺得反感，而不是想與對方合作。」

我們應該避免把精力浪費在談論自己上，像亨利・福特所說：「理解他人，站在他人的角度看問題，就當是自己的問題一樣。」以下讓我來重寫一遍，看看能否改善這封信的效果。

敬愛的佛雷姆先生：

貴司十四年來，一直是我們極其重要的合作夥伴。非常感謝您長期的支持與合作。能為貴司提供高品質的服務，是我們的榮幸。

遺憾的是，十一月十日一批大宗貨物很晚才送到轉運站，我們很難做到高效及時的貨運服務，因為傍晚通常也是其他客戶集中送貨的時間。大宗貨物的到達勢必會造成嚴重的流程堵塞，貴司的貨車也堵在碼頭的路上動彈不得。最後，貴司貨物便因此延遲送出。

發生這種狀況，實在太糟糕了。但我們可以一起想辦法，以避免此類情況再次發生。如果貴司能利用上午時間，將貨物運抵碼頭，貴司的貨車便可暢行無阻，發貨的時間也會得到保障。同時，我們的工人也能早些下班回家，吃上貴司生產的美味義大利麵。

不論貴司的貨物何時送達，我們都會竭盡全力，提供高效及時的貨運服務。

如公務繁忙，此信可不必回覆。

致敬

貨運主管J·B

在紐約某家銀行工作的芭芭拉．安德森，為了兒子的健康，計畫移居到亞利桑那州的鳳凰城。她利用在我們課堂所學技巧，寫信給鳳凰城的十二家銀行毛遂自薦：

先生您好：

我在銀行業有十年工作經驗。貴行近年迅速茁壯，應該會想認識我這樣的專業人士。

我在紐約的銀行信託公司（Banker Trust Company）工作，現任職部門經理，對儲戶關係維護、信用體系、貸款業務及行政管理等銀行業務都十分熟悉。

五月份我將搬至鳳凰城長期定居，相信我的加入，一定有利於貴行的發展和獲利。四月三日我將抵達鳳凰城，如有可能，懇請貴行能給予我機會，展現才能、為貴行創造價值。不勝感激。

芭芭拉．安德森

這封信將會收到怎樣的答覆？十二家銀行，有十一家邀請她去面試！對她來說，機會已經足夠多了。為什麼呢？安德森女士沒有大篇幅贅述她的要求，僅僅提到可以幫助銀行，強調對方的利益，而不是她個人的需求。

今天，有成千上萬的銷售人員在路上奔波，身心疲憊、收入微薄。為什麼？因為他們腦子裡想的都是自己的需求，並沒意識到，其實人們並不想買他們的產品。但如果人們有需求的話，就會主動去買。人們只對自己的利益感興趣。如果銷售人員能展示他們的服務或產品，以解決客戶的問題，不用推銷，客戶也會主動購買的。客戶都喜歡主動購買，而不是被強迫推銷。

很多銷售人員從事了一輩子的銷售工作，從來沒有認真從客戶的角度看問題。舉個例子，我在大紐約中心的林崗社區住過很長一段時間。一天我去車站，正好遇見一位房地產經紀人，他在當地從事房屋買賣已經很多年了，應該對林崗地區的房子比較熟悉。我在匆忙中問他，我的別墅是鋼筋結構還是空心磚結構的，他卻回答不知道，接著他又說了些我已經知道的資訊，並請我打電詢問林崗社區的管委會。

第二天，我收到他的一封來信。他查到我需要的資訊了嗎？儘管這件事情只需花一分鐘打個電話就能解決，但他並沒有做。他又一次提到，我可以親自打電話諮詢，然後請我買他負責的一些保險業務。

這個銷售人員並不是真正想幫我，他只對自己的業務感興趣。阿拉巴馬州伯明罕的學員霍華．盧卡斯分享過一個故事，談到在某一家公司，兩個銷售員有不同的辦事風格：「幾年前，我在一家小公司擔任管理職位。離公司不遠，坐落著一家大型保險公司的分部。他們有兩名業務員，一個叫卡爾，一個叫約翰。按業務區域劃分，兩人負責接洽我們公司。

「一天早晨，卡爾拜訪我們公司，閒聊之中透露出他們在為公司的主管辦理一套新的保險方案。或許他覺得總會有人感興趣，說等拿到詳細資料後再找我們談。

「同一天，我們喝完咖啡正在往回走的半路上，約翰瞧見了我們。他大聲對我們喊：『嗨！霍華，等一等。我這裡有個好消息要跟你們說！』他跑到我們面前，興奮地告訴我們，他們公司當天剛推出為主管量身打造的人壽保險（也就是卡爾隨意談到的那個）。約翰邀請我們成為首批投保人，他羅列了保險涵蓋的一些重要資訊，臨走時說：『保險是新出的，我請公司明天再派人過來給大家詳細介紹。同時，現在請幫我先在申請單上簽個名，這樣就有更多資訊可供分析了。』」

儘管對此項業務的細節不是很清楚，但是約翰的熱情已經讓我們產生了購買的欲望。後來，詳細資料下來，也驗證了約翰先前對新業務的判斷。最後，在他的介紹下，我們都買了這份保險，保額還加了一倍。「卡爾本來可以談成這筆單子，可惜他並沒有激起我們的購買欲。」

貪婪索取和追求自我利益的人，在這個世界上遍地都是。所以，那些極少數的無私助人者，反而會大受歡迎，而且很少有競爭者。

美國著名律師、商業領袖歐文·楊說過：「隨時站在對方角度、理解他人所需所想，那麼你將永遠無需為近期的未來擔憂。」你讀完本書，就算只有領悟到這一點——隨時站在對方角度，用他們的觀點看事情——光是掌握這一點，就足以作為基石，讓你邁上生涯的新境界。

理解別人，並激發他對某件事情的強烈欲望，並不意味著要去控制這個人，讓他做出損己利人的事。「實現雙贏」才是溝通的宗旨。

前面提到，佛雷姆信上所建議的事情，對發信者和收信者都有好處。安德森女士的信，對銀行和她都有好處：銀行獲得一位經驗豐富的員工，而她得到自己想要的工作。同樣，約翰把新保險賣給盧卡斯，雙方也都從中獲益。

在激發他人興趣時，雙方都應從中獲益。羅德島沃維克的麥克·惠登曾是殼牌石油公司的地方業務員，他夢想成為當地的銷售冠軍，但有一家加油站的經營狀況總是令人擔憂。加油站經理是一位年紀大的老人，他嘗試過各種獎勵措施，也不能讓老人的加油站衛生狀況達標，這也導致汽油銷量很難有所提高。

惠登軟硬兼施，老人就是不肯更新設備，多次勸說和開導都沒有效果。惠登決定邀請他參觀另一家新開的加油站。新加油站的衛生狀況給老人留下深刻的印象。當惠登再次造訪老人的加油站時，已經煥然一新，衛生狀況得到全面改善，銷售量也隨之提高，惠登因而實現了夢想，成為銷售冠軍。之前的勸說和開導都無效，等到實地參觀另一家新加油站，才激發了老人想要改變的欲望，而從達到預期目標，雙方都從中獲益。

很多人在大學時期都讀過羅馬詩人維吉爾（Virgil）的詩篇或者攻讀微積分，卻很少關心人類的內心世界。

我曾經為一群年輕的大學畢業生講了一堂課，名為「如何提高演講效率」。這些大學生將要進入開利空調公司工作。當時，有一個學生想要找其他人一起打籃球。他說：「我想跟你們一起打籃球。最近去過幾次體育館，發現人數總湊不夠，玩不起來。有天晚上，我和三個人去打球，結果我被球打到，眼睛都瘀青了。我希望你們明晚能來，一起打打籃球，我真的很想打籃球。」

這位同學提到別人的想法了嗎？他想要大家去少有人去運動的體育館，卻絲毫沒有顧及別人的想法，難道別人也想眼睛被打得青腫嗎？

他想讓別人去體育館，滿足自己的需求，這當然可以。他完全可以給大家講打籃球的好處，比如增強精力、促進食欲、使頭腦靈活、非常有趣等。

我想再重複奧佛斯特里特的至理名句：「首先要激發別人的需求欲望。能做到這一點，我們到哪都能左右逢源，而不會孤單無助。」

培訓課上有位學員時常擔心他的兒子，既不好好吃飯，又很瘦弱。父母只會用老方法，不是責罵、就是嘮叨：媽媽讓你吃這個，喝那個；爸爸想要你長成大塊頭等。

這些話孩子能聽進去嗎？他或許覺得就像沙灘上的一粒沙子，絲毫不用在意。

這其實是違背了常識，怎麼能指望一個三歲小孩理解三十歲父親的期望？真是可笑！但那正是父親本來所期待的，好在他及時領悟到這點，他自問：「孩子想要的究竟是什麼？怎樣能引導孩子去滿足大人的期望，讓兩者一起實現？」

這樣考慮問題的話，一切問題就可以迎刃而解。孩子有輛三輪車，他喜歡在布魯克林街區家門前的街道騎上它來來回回地玩。附近住著一個比他大的「壞小孩」，經常把孩子從車上推下來，搶走車子。

自然，母親得知車子被搶，就跑去把「壞小孩」拉下來，讓她的孩子繼續玩。但這樣的事情幾乎天天在發生。

孩子想要什麼？不用神探福爾摩斯來解答。孩子需要的是自尊心、發洩怒火以及受到重視。這些強烈的感情堆積在他小小的心頭，驅使他去「復仇」，狠揍那個「壞小孩」一頓。

於是父親告訴他，只要以後不挑食，好好吃飯，長高變壯，總有一天能正面迎擊那個「壞小孩」。聽完這一番話，孩子就保證再也不挑食了，他開始吃菠菜、德式酸菜、薄鹽鯖魚，吃一切能讓他變得強壯的飯菜。他一心想趕緊長大，好好教訓那個讓他受辱的「壞小孩」。

解決挑食的問題後，還有一個問題令人頭疼。那就是孩子總改不了尿床的壞習慣。

孩子和奶奶睡在一起。清早起床，奶奶就摸摸尿濕的床單，說：「約翰，看看你昨晚幹的好事！」

孩子會狡辯說：「不是我尿的，是妳尿的。」無論是透過訓斥、打屁股、譏笑，家長反覆對孩子強調再也不能尿床，但是孩子就是聽不進去。做父母的又開始自問：「怎麼辦？怎麼才能讓孩子不尿床？」

孩子想要什麼？首先，他想睡覺時像爸爸一樣穿著睡衣，而不要像奶奶一樣穿睡袍。奶奶受夠了孩子尿床，只要孩子能不尿床，當然很高興為他買件睡衣。其次，孩子還要一張自己的床，奶奶也欣然答應了。

媽媽於是把孩子帶到布魯克林的一家商場，對售貨小姐使了個眼色說：「今天這位小帥哥想在這裡買點東西。」

售貨小姐用尊重的口吻對孩子說：「嗨，小帥哥！很樂意為你效勞。」孩子挺直了身體，像長高了五公分一樣：「我今天要買一張床。」

當孩子來到母親想要他買的那張床前，母親又向售貨小姐使了一個眼色，售貨小姐趕緊說服孩子把這張床買下。

床第二天就送到家。晚上爸爸回家，孩子趕緊跑到門前，大聲叫：「爸爸！爸爸！快到樓上看我的新床。」

父親看到後，按照查爾斯．施瓦布的法則——「嘉贊以誠，不吝褒揚」，對孩子說：「你以後一定不會尿濕這張床，是不是啊？」

「是啊，是啊！當然不會！」孩子為了尊嚴，果然信守承諾。這是他親自買的床，而且像大人一樣穿著睡衣，那麼他也應該做到像大人一樣不再尿床。

另一位父親叫多奇曼，他是電信工程師，也是我班上的學員。他有個三歲的女兒，但是很難讓她好好吃早餐，用盡各種方式：斥責、懇求、哄勸，孩子還是不聽話。於是父母親開始自問：「怎樣才能讓女兒變得愛吃早餐呢？」

小女孩喜歡模仿母親的樣子，讓自己看起來像個大人。一天早晨，父母把孩子放在椅子上，讓她像大人一樣做一次早餐。在攪拌早餐穀物粥時，爸爸走進來。孩子連忙說：「看，爸爸，今天早餐是我做的。」

這天早晨，沒有任何哄勸，早餐孩子就吃掉兩碗穀物粥。她對這樣的早餐樂在其中，不僅覺得自己受重視了，也找到表現自己的方式。

威廉・溫特爾（William Winter）[6]曾說：「表現自我，是人類天性中最不可或缺的成分。」在職場上，何不試試這一法則？當我們有一個很棒的想法時，何不把它變成別人想要說、想要做的？不要把它局限為個人的想法，而是努力把它變成別人做的「早餐」，引起大家的興趣，搞不好有人會一下子「連吃兩份」呢。

請切記：「首先要激發別人的需求欲望。能做到這一點，我們到哪都能左右逢源，而不會孤單無助。」

人際關係的三大技巧

法則一：避免批評、指責或抱怨。

法則二：誠摯地讚賞別人。

法則三：激發他人的主動性。

6 編註：威廉・溫特爾出生於密西西比州，曾擔任當地州長，致力於推動公共教育，也十分關心古蹟保存與種族歧視等議題。

第二篇
受人歡迎的六種方法

一 如何讓人喜歡你

想獲得友誼？為什麼不向全世界最善於交友的人學習？他是誰？明天上街走一圈，你一定會遇見他。在十英尺遠的地方，他就開始向你搖尾巴。你停下來，輕輕撫摸他，他會歡快地跳起來，向你示愛。這種表現是如此單純，他不會向你推銷房產，也不想和你結婚。

你是否靜心想過：母雞要下蛋，奶牛要產奶，金絲雀要歌唱，為什麼狗是唯一不為生計而發愁的動物？狗只要向你示愛就夠了。

我五歲時，父親花了五十美分，給我買了一隻黃毛小狗蒂皮。牠給我的童年時代帶來無窮歡樂。每天下午四點三十左右，牠端坐在院子前，可愛的眼睛注視著小路遠處。一聽到我的聲響，或看見我在樹叢後晃動食物，牠就咻的一下，大口喘氣跑過來，又蹦又叫地迎接我。

蒂皮和我相伴了五年。我永遠不會忘記那個令人傷心的夜晚，在離我十英尺的地方牠觸電而亡，蒂皮的死是我童年最大的傷痛。蒂皮沒有讀過什麼心理學，也無須如此，牠的天性裡就擁有這些知識。假如你能像蒂皮那樣真心付出關愛，我敢肯定你在兩個月裡獲得的友誼會很多，而只想得到關愛的人，他們花兩年所培養的友誼還遠遠不如你。

我重複一次：假如你能像蒂皮那樣，真心付出關愛，我敢肯定，你在兩個月裡獲得的友誼，將遠遠多於他人兩年才能培養的友誼，而後者只想得到關愛而已。

道理大家都明白，但有人總想著索取，這樣的人一生也沒有朋友。顯然，別人並不在乎你，所有人都在關注自己，時時刻刻地關注自己。從早到晚，一直如此。

紐約電話公司為了搜集電話常用詞語，曾對人們的電話內容做過詳細的調查研究。你一定猜得到，在五百次通話中，有三千九百次提到的是這個詞：「我」、「我」、「我」！

拿出一張集體照片，你會先看誰？如果一味地想給別人留下印象，以引起關注，那麼我們永遠無法獲得真誠的友誼。真正的朋友，絕不可能透過這種方式獲得。拿破崙就是這樣的人。最後一次與約瑟芬會見時，他說：「約瑟芬，我是全世界最幸運的人。我發現此時此刻，妳才是我唯一信賴的人。」歷史學家們卻十分懷疑拿破崙是否真如此信任對方。

維也納著名心理學家阿爾佛雷德・阿德勒（Alfred Adler）寫過《自卑與超越》一書。書中提到：「若你對他人漠不關心，命運註定多舛，也會給他人造成傷害，正是因為這類人，世界才充滿苦難。」即使縱覽幾十卷深奧的心理學書籍，你都找不出比這句話更重要的句子。阿德勒的這句名言實在太深刻了！所以我再重述一遍：

> 對他人漠不關心的人，命運註定多舛，也會給他人造成傷害，正是因為這類人，世界才充滿苦難。

我在紐約大學選修過寫作課，當地一位著名的雜誌編輯為我們授課。他說，自己桌上每天都擺滿幾十篇小說，任何一篇只需讀上幾句話，就能感受到這個作者是否關注到讀者。「如果作者對讀者漠不關心，自然沒有讀者喜歡他的作品。」

這位閱歷豐富的編輯，在寫作課堂上曾兩次中斷講課，對他那些長篇大論道歉。他說：「現在就讓我告訴大家。如果你想成為優秀的作家，切記，要像牧師傳道一樣關心讀者，他們才會對你的作品產生興趣。」

寫小說如此，接人待物更應該這樣。我曾在「魔術之王」霍華德・薩士頓（Howard Thurston）的化妝間待過一個晚上。這也是他最後一次在百老匯演出。在過去四十年裡，他的足跡遍及全球各地，創作出無數令人嘆為觀止的精彩表演，共有六千多萬觀眾掏腰包觀看過他的演出，他獲得了約兩百萬美元的收入。

我懇請薩士頓將他的成功秘訣告訴我。薩士頓早年離家出走，到處流浪，沿路搭乘各種貨車，睡在草堆裡，一路乞討，靠觀看鐵路沿線的標識才學會識字，當然答案與他的教育無關。是他的魔術技巧高人一籌？不是的。

他告訴我，有關魔術戲法的書超過好幾百種，有幾十個人掌握了和他一樣多的魔術技巧。但有兩點他做到了，而別人沒有。首先，在舞臺燈光下，他能夠充分展示個人風格。作為表演大師，他對人性瞭如指掌。他表現的每一個手勢、每一個聲音、每一個皺眉都會提前仔細演練好，而且每個動作都分毫不差，恰到好處。除此之外，薩士頓對觀眾的關注絕無僅有。他說，很多魔術師面對觀眾，會想：「噢，臺下坐的是一群蠢傢伙，都是鄉巴佬，看我怎樣把他們耍得團團轉。」但薩士頓不這麼認為。他每次登臺前，都會對自己說：「我是多麼感激觀眾啊，他們前來觀賞，我才得以過上舒適的好日子。我一定要把最好的節目呈現給他們。」

賓州北沃倫的喬治．戴克，在一家加油站工作了三十年。後來道路改建，他所在的加油站被拆除，他不得不提前退休。沒多久，他就受夠了無聊的退休生活，拉起了他的那把小提琴度日。此後他四處旅行，一路聽音樂，向那些小提琴家悉心請教。雖然身分卑微，但他以虔誠的態度努力與人接觸，結識他所知道的每一位音樂家，獲得了很多友誼。後來他參加了一場比賽，美國東部的鄉村樂迷中很快開始流傳起他的故事，那位「來自金茲阿村的小提琴演奏者喬治大叔」。這時，喬治已是七十二歲高齡，但他依舊享受生命中的每一分鐘。喬治對他人一直保持著強烈的熱情和興趣。在一般人風燭殘年時，他開創了一片新的天地。

這也是老羅斯福總統深受民眾愛戴的原因。甚至侍從也十分敬愛他。他的一個侍從詹姆斯·阿莫斯（James E. Amos）寫過一本關於他的書，名叫《西奧多·羅斯福，我心中的英雄》（*Theodore Roosevelt: Hero to His Valet*）。書中阿莫斯寫到一件事很有意思：

> 我妻子從來沒有見過鵪鳥，有一次她向總統問及這種鳥。總統耐心、詳細地給她做了一番介紹。不久後，我房間裡的電話響了（阿莫斯及妻子住在牡蠣灣總統別墅的一間小屋）。妻子接了電話，是總統打的，他說窗外正好有一隻鵪鳥，現在向窗外看的話，也許還能看得著。不論什麼時候，當他經過我們住處的時候，他遠遠地就在打招呼：嘿，安妮怎麼樣？嘿，詹姆斯好嗎？這都是他友善的問候。

正是許多生活中這樣的小事，才體現了總統平易近人的性格。作為他的侍從，能不喜歡這樣的主人嗎？誰不喜歡呢？

一天老羅斯福拜訪白宮，恰好塔夫脫總統和夫人有事在外。他向白宮原來的所有服務人員，甚至做清潔工作的女僕，都一一問候。他對身分卑微的人都表現出極大的尊敬。

「見到廚房女僕愛麗絲，他問她是否還在做玉米麵包。愛麗絲回答，有時候做給僕人，但樓上已經沒人吃了。」另一位侍從阿奇．巴特寫道：「羅斯福故意提高嗓門，說：『他們真不懂美食。等我見到總統，我會告訴他』。

「愛麗絲拿來一塊玉米麵包，放在盤子裡遞給了他。他邊走邊吃，一直到了辦公室，所到之處，從來沒忘記向園丁、工人們噓寒問暖……

「他像以前一樣，向每個人問好。在白宮服務四十年的領班艾克．胡佛熱淚盈眶地談起羅斯福：『（再次見到他）是近兩年來，我最開心的一天，就算給我一百美金我也不換』。」

新澤西州查漢姆一位業務代表愛德華．塞克斯正因為這種對生疏之人的體貼，獲得了一筆生意。

他回憶說：「在麻塞諸塞州地區，我代表嬌生公司拜訪一位客戶，這是波士頓辛漢姆的一間雜貨店。每次在進店前，我先和負責調飲料以及負責銷售的店員寒暄幾句，再找店主談訂單；這次，我正要和店主談，他突然請我離開，還說以後不再採購嬌生公司的貨了。

因為，他覺得嬌生過分關注食品店和折扣店，忽視和損害雜貨店的利益。我只能趕緊匆匆離開，在城裡晃了幾個小時，最後我還是決定再回去，至少得向店主說明情況吧。

「我再次返回這家小店，像往常一樣，先向前後店員打招呼，再走向店主。這時店主微笑地歡迎我，訂購了比平時多一倍的貨物。我很吃驚，問剛才發生了什麼情況。店主向我示意說：『你是少數會和店員打招呼的業務員，他們認為如果有誰值得做生意的話，那一定就是你。』店主被說服了，此後一直是我的忠實客戶。我絕不會忘記這件事，給予別人真摯的關懷，是一個業務員應該具備的條件。任何時候、對任何人都應該如此。」

我從個人經驗中得出同樣的結論，一個人只要做到對他人真誠關懷，不管這人有多忙、多高不可攀，你總會得到他的回饋，贏得談話與合作的機會。我下面舉個例子。

很多年前，我在布魯克林文理學院開設了一門小說寫作課。當時我打算邀請一些有獨特風格的知名作家例如凱薩琳・諾瑞斯（Kathleen Norris）、芬妮・哈斯特（Fannie Hurst）、艾達・塔貝爾（Ida Tarbell）、亞伯特・帕森・特休恩（Albert Payson Terhune）、魯伯特・休斯（Rupert Hughes）來分享創作經驗。我給這些人寫了信，表達了我的仰慕之情，希望得到他們的指導，以學習他們的成功經驗，懇請他們在繁忙之餘來學校。

每一封信裡都附有一百五十名學員的簽名，同時信中也表達了對他們工作的理解。或許他們沒空準備演講稿，所以我就附上了一份調查問卷，以便於他們自我介紹及分享創作方法。他們都很喜歡這種溝通方式，誰會不喜歡呢？最後，他們都大老遠地趕到布魯克林，專程幫助我們。

用同樣的方式，我們也邀請到老羅斯福總統任期內的財政部部長萊斯利．蕭（Leslie M. Shaw）；塔夫脫總統任期內的司法部部長喬治．維克山姆（George W. Wickersham）；以及其他名人例如威廉．拜倫（William Jennings Bryan）、小羅斯福等人前來為我們的學生發表公開演說。

不論工人、職員或者是高高在上的君主，我們無論是什麼身分，都喜歡會讚美自己的人。

一戰結束後，德國皇帝威廉二世受到民眾極大的貶低和詆毀，甚至導致他為了保命而逃亡荷蘭，淪為全民公敵。所有人都對威廉二世恨之入骨，想要把他五馬分屍或綁在火刑柱上燒死。

所有人都在狂怒時，一位小男孩給威廉二世寫了一封信，內容很簡單，但非常真誠，充滿了友善和傾慕之情。小男孩說，不管別人怎樣看待，自己心裡永遠都喜愛威廉二世，希望能繼續做他的子民。皇帝看到這封信深受感動，邀請小男孩去見他。小男孩來了，他的母親也來了。後來德皇迎娶了小男孩的母親[7]。

這個小男孩並未讀過交友、人際關係方面的書，但是他的天性裡就具備這些技能。倘若我們想要有好人緣，就應該花時間、精力思考如何為別人奉獻和效勞。

當溫莎公爵還是威爾斯王儲時[8]，曾計畫周遊南美洲。在出發前，他花了好幾個月時間學西班牙語，然後用當地的語言進行了演講，這一舉動受到南美民眾的熱烈愛戴。

很多年來，我都想方設法打聽所有朋友的生日。怎麼做呢？我對星相學一竅不通，但會特意和對方討論，問他是否相信生日會影響個性跟習慣。當然，對方會把自己的生日告訴我，比如十一月二十四日。聽到後，我會在心裡反覆默念這個數字。等一離開，我會立即記下他的姓名和生日，並寫在日曆上，這樣自然就會記得。到這位朋友生日前夕，我會寫信或發電報以示祝賀。可以想像，他們會有多高興啊！或許，我是這個世界上唯一記得他生日的人。

7　編註：這位母親是德國格里茨（Greiz）親王的女兒赫敏．歐斯（Hermine Reuss）公主。她的先生早逝，威廉二世的妻子也已過世。

8　編註：溫莎公爵即英王愛德華八世，他為了迎娶離過婚的美籍女子華麗絲．辛普森（Wallis Simpson）而退下王位。

想交朋友，必須投入熱情與活力感染別人。有人打電話來，就可以用上這個心理技巧，你可以清楚說出：「你好！接到你打來的電話真開心！」許多公司訓練接線員時，會要求講電話的語氣要透露出關心和熱情，讓接聽者感到公司真的在乎他們。明天，你打電話時也可以試一試。

這種方法在商業上行得通嗎？當然，我可以舉出一大堆例子，但篇幅有限，我只舉出幾個。

對別人表示關心並保持熱情，不僅能保持客戶的忠誠度，也可以交到很多朋友。位於紐約的北美國家銀行，其刊物刊登了一篇儲戶瑪德琳．羅斯戴的來信：

> 我想告訴你們，我實在太欣賞貴公司的員工了。他們每個人都充滿熱情、待人禮貌、樂於助人。當我排隊在最後，總會有人向我親切地問候，這樣的感覺令人非常愉悅。
>
> 去年我母親生病住院了五個月。經常服務我的出納員瑪麗，常常詢問並關心我母親的病情進展。

毫無疑問，羅斯戴將繼續支持這家銀行。

在紐約一家大銀行任職的查理斯．沃爾特，受命準備一份某公司的機密報告。他知道，全公司只有一個人能掌握他急需的相關事證。當沃爾特被引薦至這家公司的董事長辦公室時，一位年輕女子從門後探頭，告訴董事長，她今天沒有郵票給他。

董事長向沃爾特解釋：「我在為十二歲的兒子收集郵票呢！」沃爾特說明來意並問了一些問題。董事長顯然心不在焉，回答得含含混混，不怎麼想說話，因此這次會談短促而枯燥。沃爾特在課堂上回憶道：

說實話，我當時也不知道該怎麼辦。我忽然想起那家公司董事長對秘書的談話，「郵票？十二歲的兒子？」……於是我想到，我們銀行外匯處經常收到全球各地的來信，收集有大量郵票。

第二天下午，我再次拜訪這位董事長。拜訪之前，我事先傳話過去說，我有些郵票想送給他的兒子。這次我受到了熱烈歡迎。他和我握手的熱情彷彿像在競選國會議員一樣。他會心地笑著說：「我們喬治一定會喜歡你的郵票。」他繼續表達對郵票的癡迷：「看看，這張郵票，可是寶物啊！」

我們整整花了一個小時討論郵票，翻看他兒子的相片。然後又用一個多小時談論我所需要的資料——雖然我並沒有要他說那麼多。董事長講完自己知道的，接著把下屬叫來詢問。他還給朋友打了一圈電話，把所有的案例、圖表、報告及資訊都交給我。用新聞常套用的一個詞說，真是挖到「獨家消息」了！

再舉個例子。費城的學員卡納菲爾不斷絞盡腦汁，想把燃料推銷給一家大型連鎖企業，但這家公司總是繞道向另一家經銷商採購燃料。一天晚上，卡納菲爾在班上做了一次演講，嚴厲譴責這家連鎖企業，稱它是國家的蛀蟲。他不管怎樣努力，都始終找不到推銷燃料的突破口。

我建議他試試其他方法。我在班上組織了一次辯論，把學員分為兩組，討論「連鎖企業是否侵害了國家利益」。

在辯論中，我建議卡納菲爾加入反方，他也同意為連鎖企業辯護。於是他找到那位拒絕他的連鎖企業經理，對他說：「我不是來推銷燃料的，而是請你幫一個忙。」他說明了正在準備的這場辯論，又補充說：「我實在找不到比你更好的人選能幫我準備辯論資料了。我很想贏得辯論比賽，不論你幫多幫少，我都會感激不盡。」卡納菲爾講述接下來發生的事情：

我只要求占用他一分鐘，聽了這個條件，他勉強答應見我。

聽完我的介紹後，他請我就坐，與我談了一小時四十七分鐘，還把他的一位同事叫來介紹情況。他這位同事是公司的某主管，曾寫過一本連鎖經營的書。這位經理還寫信給全國連鎖產業協會（National Chain Store Association），幫我收集了一些資料。他認為，連鎖事業是真正在服務大眾，為此感到自豪。他的談話充滿熱情，我不得不承認他讓我眼界大開。我之前做夢也不曾想過我竟徹底被他的觀點改變了。

當我準備道別時，他把我送到門口，拍了拍我的肩，預祝我辯論成功。同時請我下次拜訪他時，一定要把辯論結果告訴他。臨走時他還說：「春末時候再來吧，我想訂購你們的燃料。」

對我來說，這簡直太不可思議了。對於銷售燃料的事情，我隻字未提，我只是真心對他本人與相關問題感興趣。不到兩個小時的談話所獲得的東西，比過去十年還多得多，而以前我只知道要讓他對我本人與自家產品感興趣。

這個真理不是卡納菲爾發現的。很久之前，在基督誕生前一百年的古羅馬，一位著名的詩人普布里烏斯・西魯斯（Publilius Syrus）曾有一句名言：「想讓某人對我們感興趣，就要先對他感興趣。」

和其他人際技巧一樣，想認識對方，態度必須真誠。這樣才能讓彼此都從中獲益。長島的學員馬丁・金斯伯格提到，有一位護士對他的關懷，讓他終生難忘：

十歲那年的感恩節，我生病住進醫院，第二天就要動手術。我明白，術後幾個月的恢復期裡，我將行動不便，會感到非常痛苦。父親過世早，我和母親相依為命。我們住在一個小公寓裡，靠社會救濟度日，但是那天母親卻沒有出現。

我陷入深深的孤獨、絕望和恐懼之中。我知道母親也為我擔心，一個人孤獨地待在家裡，沒有人陪她吃飯，甚至連感恩節的飯錢都沒有。我滿眼淚水，把頭埋進枕頭下，暗自傷神，不禁渾身顫抖著哭了起來。

聽到我的哭聲，有一位年輕的護士走來看我。她拿開枕頭，為我擦乾淚水。她說她也很孤獨，感恩節必須繼續工作，不能和家人一起吃飯。她問我能否和她一起共進晚餐。她帶來兩盤食物，有火雞肉、馬鈴薯泥，還有草莓醬和霜淇淋當甜點。那天，她一直陪著我聊天，不斷安慰我。雖然可以下午四點下班，但那天她一直陪我玩遊戲，直到晚上十一點我入睡後才離開。

十歲前，我也曾度過許多感恩節，但是這個感恩節讓我終生難忘。我依然清楚記得當時低落、無助、恐懼的心情，一個陌生人的溫暖讓這一切消失得無影無蹤。

想要別人喜歡你，想要獲得友誼，想要幫助別人同時得到幫助，那麼切記：用一顆真誠的心去關心別人。

二　怎樣建立美好的第一印象

在紐約的一次晚宴上，有位繼承大筆遺產的女士，迫切地想給每位客人留下美好的第一印象。她不惜重金購置了貂皮、鑽石和珍珠，但忘記在她那張臉上做任何裝飾。她的臉上寫滿尖刻和自私。所有人都明白，一個人臉上流露的神情遠遠比身上的衣物、裝飾更重要，可惜唯獨她不明白這一點。

查理斯·施瓦布深諳此理。他曾對我說，他的一個微笑，價值百萬美金。他的性格、魅力，還有招人喜歡的言談舉止，是他取得舉世矚目成就的主要原因。其中，最具感染力的是他那可以征服整個世界的微笑。

事實勝於雄辯，一個微笑總能讓人立馬感覺到：「我喜歡你，你能帶給我歡樂，我很樂意再見到你。」

小狗之所以討人歡心，也就是這個原因。牠樂意與人相處，每次見到人都興高采烈。相應地，人們也樂意見到牠們。嬰兒無邪的笑也具有同樣的魔力。你有在醫院候診室待過的經歷嗎？那裡所有人都陰鬱著臉，顯得煩躁不安，不是嗎？史蒂芬・斯普勞爾是密蘇里州雷頓的一名獸醫。他講過一件事，一年春季，他的候診室裡擠滿了人要給寵物注射疫苗，大家安靜極了，沒有一個人願意說話。或許大家都意識到應該做點什麼，但是依舊坐著白白消磨時間。

「有六七個人就這樣靜靜坐著。這時走進來一位女士，帶著一個九個月大的寶寶和一隻小貓。正巧不巧，她在一位男士身邊坐下，而他等著看診，已經有些不耐煩。但當他轉身一看，寶寶正注視著他並天真地笑，那是寶寶最迷人的一面。這位男士是什麼反應？自然，就跟你我都會做的事情一樣，他立刻也對著小孩笑了笑，然後就和小孩的母親攀談起來。他談到他的孫輩等家庭瑣事。不一會兒，候診室的人都加入聊天的行列，原有的無聊與緊繃氣氛也轉化成愉悅與歡欣的感覺。」

孩子會真誠地微笑嗎？當然了，任何虛假的笑都逃不過人的眼睛。大家都明白，假笑是僵硬的，令人厭惡。我現在講的是那種真誠的微笑，熱情洋溢的微笑，發自內心的微笑，在商場中，只有這種笑容可以提高身價。

詹姆斯・麥康奈爾（James V. McConnell）是密西根大學的心理學教授，談及微笑，他說：「那些經常微笑的人，在教育和推銷領域都能獲得成功，容易讓下一代變得更快樂。笑容能傳達正能量，比皺眉更富有表現力、更感染人。」紐約一家大型百貨公司的人事經理對我說，她寧願聘請一個連小學都未畢業但笑容燦爛的員工，也絕不考慮錄用表情冰冷的哲學博士。即使在對方看不到你的情況下，微笑也能令之動容。全美國的電話公司都有一項不可或缺的培訓，叫「聲音的力量」，專門為電話行銷的業務員而開設。培訓師建議在打電話時，要盡量保持微笑，因為這種微笑可以透過聲音傳達到對方的耳中。

美國規模最大的橡膠公司董事長對我說，據他觀察，不論一個人做什麼事情，如果沒有興趣，都將很難成功。「苦幹實幹就是通往目標之門的唯一金鑰」，這位商業領袖對這種老生常談嗤之以鼻，他說：「我認識的成功人士，在投身自己的工作與事業時，都會興高采烈。但是隨著時間的推移，興趣變成工作，事業變得無聊，他們喪失了工作的愉悅，就會走向失敗。」

如果你希望對方碰面時心情愉悅，那麼你也應該在當下保持心情愉悅。

我給成百上千位商務人士提過一個建議：時刻對周圍人保持微笑。堅持一週，再回到班上談談效果如何。你猜會發生什麼？我們一起看看。紐約證券交易所的威廉·斯坦哈特寫過一封信，代表了許多人的心聲，信中寫道：

在十八年多的婚姻中，我每天起床後，很難給妻子一個笑臉，甚至連話也懶得說，直到出門前才有所表示。百老匯街上人來人往，我或許是當中抱怨最多的人。

當你提出，要我發表微笑生活的感想時，我就想試一週看看效果。第二天早晨盥洗，看著鏡子中那張掛滿愁容的臉，我對自己說：「比爾，今天你必須有所改變，保持微笑！現在開始！」我坐下吃早餐，微笑著對妻子問好：「親愛的，早安！」

課堂上老師也提醒過，突如其來的微笑，妻子或許一時不適應。其實，何止不適應，她感到迷惑，甚至有些吃驚。我告訴她，以後每天都會這樣。而且我做到了。

由於我態度的轉變，家中兩個月裡的歡聲笑語，比之前一年加起來的還要多。

到公司上班，我微笑著對電梯小姐說：「早安」；微笑著向門房問候；在地鐵售票處換零錢，我微笑著對服務人員打招呼；在工作的證券交易大廳，我同樣微笑著對待所有人。

沒過多久我就發現，所有人也都對我報以微笑。面對滿腹牢騷的客戶，我依然微笑聽他們抱怨，棘手的問題也變得容易解決了。微笑給我帶來好運，每天如此。

與我同一間辦公室的另一位股票經紀人，是個討人喜歡的小夥子。我很興奮可以取得如此成果，於是把這個人際關係的新觀念與他分享。他坦承，剛接觸我還誤以為我是難相處愛抱怨的人，直到最近才改變了看法。他說，我微笑起來顯得親切多了。

現在，我消去腦海中許多無端批評，改掉了愛指責的壞毛病，專注於讚美和欣賞。我不再只談論自己想要的，也能站在別人的立場看待事物，這些態度徹徹底底翻轉我的生活，我像是脫胎換骨一般，變得更快樂、更富足，朋友更多、幸福感也上升，而這些才是生活的真諦。

如果你笑起來很難，該怎麼辦？

有兩種方法：第一，強迫自己微笑；第二，當獨處時不妨吹吹口哨、哼首歌，假裝很快樂，時間久了，快樂自然就成了習慣。心理學家威廉・詹姆斯說：

人的行為似乎是跟著感覺，但其實行動與感覺是同步的。行為大多是直接受到意志力所管控，相對之下，意志力就很難影響心情。只要能管理行為，就能間接地管理心情。

所以，如果感覺不到心中的愉悅，那唯一能夠自行喚回它的方式，就是打起精神坐好坐滿，講話和舉止都要像喜樂早已滿懷心中。

全世界的人都在追求幸福，但只有一種方法能保證取得：控制你的想法。幸福不依於外在環境，而是內在的條件。

快樂與否，不在於你獲得什麼、是什麼身分、身在何處以及當下做的事情。例如，有兩個人同處一地，做同樣的事，享有同樣的名望與財富，但一個人痛苦，而另一個人卻很開心，為何如此？這是因為他們看事情的態度不同。我在熱帶地區看過很多辛苦的農民，在炙熱的天氣下辛苦地揮動粗重的工具。但當中許多人臉上充滿笑意，絲毫無異於坐在紐約、芝加哥或洛杉磯空調房裡的白領。

莎士比亞說：「萬物本不分美醜，人的心態讓一切產生了差別。」林肯也說過：「絕大多數人的快樂程度，取決於如何設定自己的心態。」

的確如此。最近我見證了一個案例。有次我走上紐約長島火車站的臺階，就在我前方，有三、四十個拄著拐杖的身障兒童也在辛苦地走樓梯。其中一個男孩還得讓別人抱著上去。令我驚喜的是，他們眾人卻依然洋溢著歡聲笑語。

我走上前，向孩子們的領隊談了自己的感受。領隊說：「的確如此，當孩子知道自己可能終身都行動不便，起初會非常恐慌，但接受自己的命運後，就可以像一般孩子一樣快樂。」

我應該向這群可愛的孩子致敬。我將永遠不會忘記這一幕，他們給我上了一堂重要的課。

在封閉的辦公室工作，會喪失與其他同仁情感交流的機會，容易產生孤寂感。墨西哥瓜達拉哈拉的瑪利亞・岡薩雷斯女士，就是在這樣的辦公室孤獨工作的人。每每聽到其他同事的歡聲笑語，她都會非常羨慕，覺得那樣真有同事情誼。

當初上班第一週，她在走廊上遇到同事時，卻是害羞地把眼神轉向別處。幾週過去，她對自己說：「瑪利亞，妳不要總等別人來和你打招呼，應該主動走出去。」於是當她去飲水機、見到別的同仁時，臉上立刻浮現出燦爛的微笑：「嗨，你好啊！」對方看到，也都報以善意的回應。慢慢地，公司走廊也似乎變得明亮，工作氛圍變得友好起來。她認識的人越來越多，有的成為她好友，工作變得非常開心、有趣。

讓我們一起欣賞著名作家、出版人艾伯特．哈伯德（Elbert Hubbard）的名篇。提醒一下：只是字字句句讀沒有任何意義，應該把知識轉化為行動。

> 當你出門時，應該收好下巴、腦袋挺直，深呼吸，讓胸口飽滿。走在陽光中，微笑著和每一個人打招呼。每次握手都要充滿感情，不必擔心被誤解，不必把時間浪費在思考誰跟你有仇。堅定專注在想要完成的事，絕不三心二意，就能勇往直前、實現目標。
>
> 把心思放在想要完成的遠大而多彩的目標，時光荏苒，不知不覺中，機會就自然掌握在手裡，好好把握，就能實現理想，像珊瑚從浪花中汲取養料一樣。你要不斷想像，自己一定會成為幹練、勤奮、有才華的人。你的思想時時刻刻都在轉化你，讓你

成為獨一無二的人。

思想至上。保持正確的心態，包括勇敢、坦率和積極。想法正確就能發揮創造力，你所渴望、祈禱的事情都將因此有所回應。內心聚焦在何處，我們就會朝那個方向發展。因此，收好下巴，腦袋挺直。我們都是孵化中的神明。

中國古人非常有智慧。他們有一句諺語，值得我們貼在帽子裡，時刻都能拿出來看：「人無笑臉莫開店」。

微笑傳遞出善意，微笑照亮身邊的人。面對皺眉、陰鬱、撇過頭去的人，你的微笑能撥開他內心的烏雲。特別是他受到上司、顧客、老師、父母或小孩的壓力時，你的微笑可以讓他瞭解，人生不會毫無希望，世上總是有快樂的事。

多年前，聖誕將至，一家百貨公司為了緩解員工的銷售壓力，在佈告欄張貼了一段溫馨的文字：

耶誕節的微笑

微笑不用成本，卻創造許多事物。收到的人心滿意足，付出的人毫無損失。眨眼之間，微笑有時能給人永久的美好回憶。

再怎麼有錢的人，也需要他人的微笑，窮人更是因它而覺得富足。它讓家庭更美滿，生意更興旺，朋友更親密。它是困乏者的港灣，失意者的黎明，悲痛者的豔陽，化解困頓的天然良方。

它求之不來，不能租借，更不能竊取，只有真誠付出才能獲取它的價值。

在耶誕節大採購的最後時刻，假如售貨員實在疲憊得無力微笑，而你，是否能把微笑留下？

因為，最沒力氣微笑的人，就是最需要收到微笑的人。

三　記住別人的名字，別人也會記得你

一八九八年，在紐約州羅克蘭郡，有一場葬禮正在進行。時值天寒地凍，滿地積雪，老吉姆．法利去馬棚牽馬，準備參加鄰家一個孩子的葬禮。那匹馬好久沒有出門了，當法利把馬牽到水槽邊時，牠興奮得突然轉向，騰起雙蹄向空中蹬了一下，老吉姆當下不幸被踢中身亡。小鎮又多了一場葬禮。他死後留下妻子和三個可憐的孩子，還有保險公司賠償的幾百美金。

最大的兒子詹姆斯剛十歲。迫於生活壓力，小吉姆只好去磚廠做苦力，運送沙子。他把沙子倒入模具裡，再將磚坯翻出來放在太陽下晾曬成型。他沒有受教育的機會，但是個樂天派，很討人喜愛，隨著年齡增長，他練就了一種奇特的本領，那就是牢記別人的名字，這為他的政治生涯奠定了基石。

從未受過高等教育的他，在四十六歲前，已被四所大學授予名譽學位，並當上民主黨全國委員會主席以及美國郵政總長。

我去拜訪他，詢問他成功的訣竅。詹姆斯．法利回答說：「努力地去工作。」我說：「你在開玩笑啊。」

他反問我，讓我指出他成功的原因。我回答：「聽說你能叫出一萬個人的名字？」

「不，你說錯了。我能叫得上名字的人有五萬個。」毫無疑問，就是這種能力，讓他在一九三二年成功把小羅斯福送入白宮。詹姆斯當年做過石膏銷售員，到處奔波謀生，後來又在紐約州的石點鎮當小職員，這個時期他便掌握了這套記憶姓名的方法。剛開始，記憶方式很簡單：遇到一個陌生人，他就會問及對方的姓名、家庭狀況、工作和政治觀點等問題。他會把談話內容牢記在心，並與對方的外貌聯繫在一起。下次再見到對方，即使相隔一年多，他還能回憶起來，並再次和對方寒暄，問候家裡的情況，花園裡的蜀葵長得如何。難怪有那麼多人跟隨他。

小羅斯福競選開始前的幾個月，詹姆斯每天都要給西部和西北部各州寫上幾百封信。寫完信後他立即啟程出發，十九天內要走完二十個州，行程一萬二千英里，坐遍馬車、火車、汽車、船等交通工具。每到一個城鎮，他都要和當地人共進早餐、午餐或晚餐，與他們推心置腹地交談，接著又要奔赴下個地方。

等一回到東部，他立刻向拜訪過的某個人寫信，請求對方將談過話的貴賓名單寄給他。最後，名單上的人已經多得數不勝數。但是詹姆斯仍然親自寫信給名單上的每個人，內容充滿誠心的讚美，開頭都是對方的名字如「親愛的比爾」或「親愛的珍」，最後則親筆署名「詹姆斯」。

詹姆斯很小就發現，所有人對自己的名字都很感興趣，甚至比全世界所有人的名字加起來都要感興趣。牢記一個人的姓名，並能隨口說出來，這就是對別人最微妙、最有效的讚美。反之，要是忘記或拼錯了，你的處境就會非常不利。

我曾在巴黎舉辦演講，內容是教大家如何演講。當時我向所有僑居巴黎城裡的美國人發了邀請函。由於法國打字員的不熟悉英文，自然就會犯錯。因為名字拼錯了，一家美國大銀行的分行經理曾嚴厲地寫信指責過我。

有時，的確很難記住別人的名字，特別是那些發音拗口的名字，一般人都故意略過，或乾脆叫對方的小名。

我的學員席德・萊維要拜訪一名叫尼可德姆斯・帕帕多洛斯（Nicodemus Papadoulos）的顧客。這個名字太難記了！所以大多數人都管他叫「尼可」。萊維告訴我：「拜訪前，我做了很多功課，用心反覆記住了這個名字。一見到這位顧客，我便用他的全名問候：『早安！尼可德姆斯・帕帕多洛斯先生。』當時對方一下子驚呆了，好長時間都沒有反應過來。後來，他竟濕潤著眼睛說：『萊維先生，我在這個國家居住了十五年，從來沒有一個人用全名稱呼過我啊！』」

安德魯・卡內基的成功秘訣是什麼？號稱「鋼鐵大王」的卡內基，其實對鋼鐵製造業的瞭解並不像人們想像的那麼多，但他擁有成千上萬的員工為他服務，這些人對此製造業的瞭解比他精深。

卡內基之所以致富，是因為他善於掌握人性。很小的時候，卡內基就顯露出這方面的天賦。十歲左右，他驚訝地發現到，人們是多麼重視自己的名字，便就開始利用這點去和別人談合作。他的童年在蘇格蘭度過。有一天他捉住一隻懷孕的母兔，母兔很快就產下一窩小兔子，但他沒食物餵養這些小兔子。他想到一個妙招：他對鄰里周圍的孩子說，如果誰願意採集苜蓿和蒲公英來餵養這些小兔子，他就會用誰的名字為這些兔子命名。

這個方法無比神奇，卡內基至今對此印象深刻。很多年過去了，卡內基在商業上一直在應用這樣的心理學方法，賺取了數百萬美元。

卡內基在匹茲堡剛開了一家大型煉鋼廠，他想將生產的鐵軌賣給賓夕法尼亞鐵路公司。時值愛德格·托馬森（J. Edgar Thomson）擔任該公司董事長，於是，卡內基以愛德格·托馬森來為該煉鋼廠命名。不言而喻，當賓夕法尼亞鐵路公司需要鐵軌的時候，會去哪家公司採購？希爾斯？羅百克？你一定不會猜錯。

當卡內基與喬治·普爾曼（George Pullman）為了爭奪太平洋鐵路聯合公司的鐵路臥鋪車大單時，「鋼鐵大王」又用了一次兒時「養兔子」的這一招。卡內基旗下擁有的是中央運輸公司，與普爾曼的公司為爭奪訂單，雙方互不相讓，爭相砍價，直到最後無利可圖。卡內基和普爾曼不得不一起去位於紐約的太平洋聯合公司拜見董事會。當晚，這兩位大老在尼古拉大飯店相遇。卡內基說：「晚安！普爾曼先生，我們真是傻瓜二人組啊！」

「你這什麼意思？」普爾曼問。於是，卡內基把藏在內心已久的計畫一一道來。他解釋，兩家公司若能合作，能為彼此帶來哪些好處，而不用針鋒相對。他說得繪聲繪色，普爾曼從頭到尾一直認真聆聽著，但並沒有完全信服。最後普爾曼問：「這家新公司的名字怎麼起？」卡內基立刻說：「當然就叫作普爾曼皇家列車公司。」

普爾曼的臉上立刻放出了光，立即說：「來我的房間，咱們細談。」這次談話改寫了美國工業史。

安德魯·卡內基之所以成為商業領袖，最重要的秘密是他能夠牢記朋友及同行的名字，並予以足夠的尊重。他很自豪地稱他可以不假思索地叫出很多下屬的名字。他也曾自詡，當他管理公司時，也沒有罷工而導致煉鋼廠停擺。

德克薩斯州商業銀行的總裁班頓·羅孚（Benton Love）認為，公司規模越大，人際關係會變得越冷漠。他說：「牢記大家的名字，能讓公司多一些溫暖。若有主管說他記不得下屬的名字，那也就等於承認他也記不清楚業務上的重要事項，事情只會越做越糟。」

來自加州帕洛斯綠色牧場的凱倫·柯什是環球航空的空服人員。她透過不斷練習，記住每次航班所有乘客的名字。她服務乘客時，能直接稱呼對方的名字。經常會有乘客當面稱讚她，有的甚至寫信到航空公司表揚她。

一位顧客寫道：「我有一段時間沒有乘坐貴公司的航班了，但今後我一定都只選擇環球航空。搭乘你們的航班，就像搭乘我私人專用的客機。這種感覺對我非常重要。」

人們很重視自己的名字，甚至不惜代價使之永垂不朽。P·T·巴納姆（P. T. Banum）身為他那個時代最偉大的藝人，脾氣火爆，一直擁有「硬漢」的形象，但他竟因沒有兒子繼承姓氏而深感苦惱。他甚至許諾他的外孫C·H·西雷（C. H. Seeley），如果對方願意改姓為「巴納姆」，將給予二萬五千美元作為報酬。

數百年來，達官貴人紛紛資助藝術家、音樂家及作家，以期望收藏他們珍貴的作品。圖書館、博物館裡，凡是那些價值連城的收藏品，可想而知，捐贈者都是那些害怕自己名字被淹沒在歷史洪流的人。紐約公共圖書館珍藏了大量阿斯特家族和詹姆斯・里諾斯（James Lenox）的藏書[9]。大都會博物館永遠鐫刻著班傑明・阿爾特曼（Benjamin Altman）[10]和J・P・摩根（J. P. Morgan）的名字。幾乎每座教堂，都會裝飾上色彩斑斕的玻璃，上面寫著那些捐贈者的姓名。很多大學校園的建築物，為紀念大筆捐款都以捐贈者的名字命名。

可惜，大多數人記不住別人的名字。主要原因是他們根本沒有用心，總是以各種藉口來搪塞，比如太忙了等等。但即使再忙，他們也忙不過小羅斯福總統吧。在百忙之中，只要有接觸過，總統甚至會花精力去記下技工的名字。

小羅斯福總統腿部癱瘓，不能開普通汽車，克萊斯勒汽車就為總統專門打造了一款汽車。W・F・張伯倫（W. F. Chamberlain）和一名技工，一起把這輛汽車送到白宮。有一封張伯倫寫的信，講述了當時的情形：

9 編註：德國人約翰・雅各・阿斯特（John Jacob Astor）十八世紀時到美國從事毛皮及地產生意，曾被稱為「美國史上最有錢的人」，後代成為顯赫家族；老羅斯福的母親也出身於阿斯特家族。里諾斯則是美國知名的藏書家和藝術收藏家，曾創建私人圖書館，收藏許多稀有的珍本圖書。

10 編註：阿爾特曼是紐約知名的百貨業者，收藏品包括林布蘭的畫作，後來都捐贈給大都會博物館。

我去教羅斯福如何駕駛這款有特殊裝置的汽車，同時我從他那裡學到了為人處世的珍貴哲理。

我被邀請到白宮，總統顯得特別高興跟愉快。他直接叫出我的姓名，這讓我感到自在多了。令人印象深刻的是，總統興致勃勃地看我示範，並聽我解說各種機械原理。這部汽車只用雙手就完全可以操作。當時許多人在圍觀，總統當眾說：「這輛車太神奇了！一按開關就能開走，駕駛起來輕鬆簡單。實在太棒了！真不知道它怎麼能辦到。我真想把它拆開，看看內部到底是怎樣運作的。」

羅斯福當眾讚美這輛車，也當眾對我說：「張伯倫先生，太感謝你們為我生產的這部車。你們一定花費了不少心血和時間，真是大師之作！」他留意到水箱、特殊反光鏡、時鐘、特製車燈、車廂內裝、駕駛座的設計，行李箱內的特製行李箱上也有他名字的縮寫。他對這些細節大加讚賞，也就是說，他注意到我們付出心血的每個細節。他還提醒羅斯福夫人、勞動部長柏金斯（Francis Perkins）女士[11]和他個人秘書，要好好欣賞這些設計。他甚至當場告訴白宮的老搬運工喬治，搬運特製行李箱時要「格外小心」。

駕駛課結束後，總統對我說：「張伯倫先生，我已經讓聯邦儲備委員會的人等了半個小時，現在得趕緊回去工作了。」

當時，我隨行的還有一名技工。初次見面，我向總統介紹了他。技工比較靦腆，總躲在人群後，沒有和總統說一句話。但當我們離開時，總統特地找到了這位技工，親自與他握手，並叫出他的名字，感謝他專程來華盛頓一趟。他的感謝非常真摯，毫無敷衍，我能感受到他字字句句都發自內心。

回到紐約後不久，我又收到了總統親筆簽名的照片，上面有簡短的留言，再次表示感謝我的協助。我很難理解，他在百忙之中是怎麼抽出時間做這些事情的。

小羅斯福明白：要獲得對方的好感，記住他的名字，讓他感到受重視，是最簡單、最直接、最重要的方法。

大多數情況下，我們被介紹給陌生人時，會交談幾分鐘。但分別時，總是記不起對方的姓名。作為一名政治家，首先要做的事情是：「記住選民的姓名。如果做不到，那你也將很快被選民遺忘。」法國拿破崙三世曾炫耀地說，雖然他公務煩冗，但仍能夠記住見過的每一個人的姓名。方法很簡單。當沒有聽清對方的名字，他就會立刻問：「不好意思，

11　編註：柏金斯是美國重要的勞動政策制定者，是小羅斯福政治上的盟友，也是美國第一位女性內閣。

我沒聽清楚。」遇見不常見的姓名，他會問：「怎麼拼寫你的名字？」談話中，他通常把對方的姓名反覆提及好幾次，直到在心裡將對方的特徵、表達方式、整體外貌和姓名對應起來。

如果是重要人物，拿破崙會格外用心。在獨處時，他會寫下這個人的名字，仔細端詳，反覆記憶，直到心裡牢牢記住為止，然後就將紙條撕掉。透過這種視覺記憶法，就會像有人在叫這個名字。

我們應重視姓名背後隱藏的無限魔力，深刻理解到，當我們與人交際時，這幾個字就是對方個人完全獨有的，而不涉及其他人。姓名讓個體有了區別，讓他人群中獨一無二。在交際的場域中，能提及對方的名字，那我們要傳遞的資訊與提出的要求，都會變得特別重要。不管是服務人員或高級經理，只要能提及對方名字，都會發揮神奇的功用，其他場合也是用。

記住姓名需要花工夫，但正如愛默生所言：「優雅的舉止，是由許多小小的犧牲換來的。」記住，不管對方說的是哪種語言，對他來說，名字都是最好聽、最重要的聲音。

四 跟誰都聊得來的說話之道

我參加過一次橋牌聚會，但我不會打橋牌，正巧遇到一位女士也不會，於是我們閒聊起來。

談話中我提到，洛威爾．湯瑪斯（Lowell Thomas）在進入電臺工作前，我曾擔任過他的經紀人。我們曾到歐洲旅行，還協助他整理旅行照片，之後作為他演講的素材。這位女士對此顯得很興奮：「哇！卡內基先生，快點告訴我，你參觀了哪些名勝古蹟、看過哪些美景。」

我們坐在沙發上開始細聊，得知她和丈夫剛從非洲旅行歸來，我非常感興趣，說：「非洲啊！真是一個有趣的地方！我一直都想去看看，可惜只在阿爾及利亞待過一天，其他地方都沒有去過。妳講講，妳去過的那些國家有什麼珍禽猛獸？你太幸運了！真羨慕！趕緊講講你在非洲的見聞吧！」

我就這麼一問，她竟然足足講了四十五分鐘！她再也沒要我談我的歐洲遊歷。其實她真正想要的是有人聽她講，這樣她就可以提升虛榮心，向人說說自己到過哪些地方。

她並不是個例，絕大多數人都是這樣。還有一次，我在紐約參加出版商舉辦的晚宴，席間遇見一位著名的植物學家。我從來沒有跟植物學家聊過天，而他真是風趣的人。我可是真的坐在椅子邊緣，專心聽他講述奇異的植物與實驗，看科學家如何研發新品種的植物和打造溫室花園，如何大量培養馬鈴薯。我家裡有一個室內花園，他熱心地給我出了很多主意，解決我許多問題。

參加宴會的還有其他十幾位客人。我聽得太投入了，和這位植物學家一談就是幾個小時，竟忘記了宴會的禮節，忽略了身邊的其他人。我們一直談到深夜，最後起身告辭，這時植物學家轉身向主人，表揚我好幾個優點，「很會讓人打開話匣子」，最後說我是「最有趣、最健談的人」。

最有趣？最健談？事實上，從頭到尾我幾乎什麼都沒說。植物學對我來說，就像企鵝解剖學一樣，我完全不懂。要是不及時轉換談話方式，我根本就搭不上話。然而我只是認真聆聽，越聽越入迷，植物學家也有感受到。自然他就受到鼓勵，越講越開心。認真聆聽，是我們對別人的最大恭維。

傑克·伍德福德（Jack Woodford）在《相愛的陌生人》（*Strangers in Love*）一書中寫道：「全神貫注的聆聽所蘊含的讚美之意，很少有人可以拒絕。」而那天晚上，我不只是全身貫注地聆聽，更是「嘉贊以誠，不吝褒揚」。

深蒙植物學家的教誨，我獲益良多，也覺得內容有趣。我告訴他，真希望能像他一樣擁有淵博的知識，希望能和他一起去山野裡探索，希望還能再次見到他。以上所言句句我都實現了。正因為這些，他才覺得我是個健談的人。事實上，我只不過是一個好的聆聽者，善於鼓勵對方多說話而已。商業談判的成功秘訣是什麼？哈佛大學前校長查理斯．艾略特（Charles W. Eliot）說：「商業交流要成功，並沒有什麼神秘的技巧……對方講話時，專心聆聽很重要。這種態度就是最高的恭維。」

就連艾略特本人也是傾聽藝術的大師。最偉大的美國小說家亨利．詹姆斯（Henry James）回憶道：「艾略特博士聽你說話時，不只是靜靜地坐著，而像是在參加活動。他總是挺直腰桿、坐在椅子邊緣，雙手放在大腿上，有時忽快忽慢地搓搓手指，除此之外，沒有多餘的動作。他專注地看著談話對象，彷彿眼睛也一起在聽人說話。他總是用心聽，細心思考你的每句話。談話結束時，聊天對象總覺得艾略特已經完全瞭解他的想法了。

這個道理很淺顯，對嗎？你不必去哈佛讀四年書就能明白。大家都知道，一些商家經常租下昂貴的地段，精打細算地購入貨品、花大力氣裝修櫥窗，大筆錢砸廣告。然而，店裡的服務人員卻不懂得成為好的聆聽者，經常隨意打斷顧客的談話，還會頂撞或激怒顧客，甚至把顧客趕出門。

在芝加哥的課堂上，海麗埃塔．道格拉斯女士講了一個故事。她每年都要在這家芝加哥的某家百貨公司消費幾千美金，但因為服務人員不肯聽她說話，她差點就要抵制這家百貨。

一次，道格拉斯女士在這家商場買了一件特價外套，回家後發現內襯有道裂痕。第二天她把外套帶到百貨公司要求退貨，可是服務人員卻不肯聽她抱怨，指著牆上的告示說：「這件是特價出清的外套，看清楚，告示寫明『特價商品概不退換』；既然買了就留著，自己把內襯縫好。」

道格拉斯說：「你們賣的是品質有問題的商品啊！」服務人員打斷她說：「那有什麼差別，出清貨就是出清貨。」道格拉斯女士非常氣憤，發誓再也不來這裡買東西了。當她正要離開時，百貨公司經理向她打招呼。道格拉斯女士是老主顧，經理認識她很多年了。於是她提起剛剛的事發經過。認真聽完後，這位經理仔細檢查了外套，然後說：「每個季節，我們都會處理一些存貨，所以才會舉辦特價出清。雖然我們規定特價商品不得退貨，但瑕疵品則不在此列。我們一定會把外套內襯縫好。當然你願意的話，我們也可以退款。」

這是完全不同的處理方式。如果那位經理不仔細聆聽的話，這家百貨公司將永遠失去這位老顧客。

在有耐心、有同情心的傾聽者面前，再吹毛求疵、喜好批評的人也會變得溫和起來。那些專挑毛病的人情緒會不斷高漲，像張開大利齒的毒蛇，隨時從自己的想法中噴出毒液。這個時候，傾聽者會保持沉默。

紐約電話公司幾年前遇到一位相當惡毒的顧客，動不動就對客服代表惡語相向，一邊咒罵、一邊胡言亂語，揚言要毀壞電話線。他拒絕支付電話費，說那帳單是錯的，而且不斷寫信給各家報社，向公共服務委員會投訴，甚至到法院控告電話公司。

最後，電話公司不得不派出一位技巧高超的「調解專家」，去會見這位麻煩製造者。這位火藥味十足的老先生，一見面就開始大發牢騷，調解專家只是在一旁默默地聽著，至多就說「是、是」幾個字，表示理解老先生的不滿。

這位調解專家在班上講述整件事情：

第一次，這位顧客肆無忌憚地說了近三個小時。後來我又拜訪他幾次。在第四次拜訪結束時，我得知這位老先生正要創建一個「電話使用者保護協會」，我說我也要加入。現在我還是會員。但據我所知，迄今為止我是全球唯一一個會員。

每次拜訪，我都認真聆聽他的談話並不斷點頭表示理解。他之前沒有遇到過這樣的客服代表。慢慢地他似乎變得友善了一些。第一次拜訪時我沒有提及來訪目的，第二次、第三次也沒有。直到第四次我就解決問題。老先生竟然同意付清所欠全部費用，並且他還破天荒地到公共服務委員會的撤銷投訴，否則以前只要有電話問題都告到那裡去。

表面上，這位老先生當自己是鬥士，要挺身捍衛公共利益，抵抗大公司無情的剝削。但事實上，他需要受重視的感覺。他總是透過挑毛病和抱怨來得到受重視的感覺。不過，那位調解專家知道問題所在，一旦滿足他受重視的需求後，之前的眾多不滿也立刻被拋到九霄雲外。

達特曼羊毛公司是全球服裝業最大的羊毛供應商，幾年前的一個早晨，一位怒氣衝衝的客戶闖進這家公司創始人朱利安．達特曼（Julian f. Detmer）先生的辦公室。達特曼說：

這位顧客欠公司一小筆錢，公司授信審查部堅持要他付款。儘管他矢口否認，但我們心裡很清楚。收到幾封催款單後，這位顧客打理好行囊，氣呼呼地來到芝加哥的辦公室。他聲稱，不但拒絕支付那筆錢，而且今後再也不花一毛錢購買達特曼的原料了。

談話中，我幾次想打斷他，但我知道那樣會把局面弄僵。於是，我很有耐心地聽完他的話，任由他發洩情緒。最後他終於熄火，平靜下來。我這才對他說：「這次，你能來芝加哥向我反映這件事，我得向你表示感謝。你也算是幫了我一個忙，假如公司授信部惹你不高興，那也有可能讓其他客戶不滿。那樣的話，就太糟糕了。你要相信，你有事急著想說，而我更想要知道內情。」

這位客戶做夢也沒有預料到，會是這樣一個結果。或許他還有些許失望，因為他千里迢迢跑到芝加哥，就是打算跟我投訴公司的問題。

而現在，我非但沒有和他爭辯，反而對他表示感謝。我很明確地告訴他，公司要把這一小筆錢抹掉，永不追究。我說，他肯定是一個做事細緻的人。他只管理這一份帳目，而我們公司要管理幾千份帳目。他應該不會弄錯數字，反而是我們會更容易出錯。

我說，我能體會他的感受。如果我是他，也無疑地會有一模一樣的心情。如果以後真不想再採購我們的產品，我還善意地向他推薦其他幾家羊毛供應商，供他參考。

以前他每次來芝加哥，我們總一起吃飯。那天我照例邀請他一起吃飯，他勉強地表示同意。吃完飯，當我們回到辦公室，他的態度發生了轉變，一下子訂購了比以往更多的貨，然後心情放鬆地回家。既然我們如此善待客戶，他也要公平對待我們，於是他重新查了一遍帳目，找到他做錯的帳單，然後寄回一張支票，並表示歉意。

後來，他妻子生下一個男孩，他以達特曼為孩子起名。直到二十二年前離世，他一直都是公司最忠誠的朋友和客戶。

很多年前，有一位貧窮的荷蘭移民少年。他太窮了，每天放學後都要去麵包店擦窗子，

為家裡賺錢糊口。他經常背著一個小籃子到運煤車經過的街道撿煤渣。這個孩子叫愛德華・波克（Edward Bok）。他唯讀過六年書，但後來成為美國新聞界最著名的雜誌編輯。他是如何一路奮鬥成功的？說來話長。但可以肯定，他絕對是按照本章提到的人際關係原則一步步走向成功的。

十四歲那年，波克輟學去西聯公司當辦公室助理。他堅持自學，一直沒有放棄讀書。他平時也不坐車，不吃午飯，用省下的錢買了一本《美國名人錄》。然後他做了一件出人意料的事情，他開始給這些名人寫信，請求對方聊聊自己的童年生活。他給在準備競選總統的詹姆斯・加菲爾德（James A. Garfield）將軍寫信，詢問他是否真的在運河上當過縴夫？加菲爾德回了信。後來，他又給尤里西斯・格蘭特將軍寫信，詢問一場戰役的詳情。格蘭特將軍也回了信，而且親自附上一張手繪圖，邀請這位十四歲的少年共進晚餐，兩人談了整整一個晚上。

不久，這位西聯公司的少年和國內最著名的人開始通信，其中包括詩人愛默生、大法官奧利佛・霍姆斯（Oliver W. Holmes）、詩人亨利・朗費羅（Henry W. Longfellow）、林肯夫人、小說家路易莎・梅・奧科特（Louisa May Alcott）、威廉・謝爾曼（William Sherman）將軍和前總統傑佛遜・戴維斯（Jefferson Davis）等人。他不僅和這些名人保持通信，而且在假日時親自拜訪，成為受他們歡迎的座上賓。這些都讓他的自信心逐漸建立起來。那些名人的事蹟也不斷激發著他的抱負，從而改變了他的人生軌跡。而這一切，其實都是遵循了本章所述的原則。

知名編輯以撒・馬克遜（Isaac F. Marcosson）曾經拜訪過數百位名人。他總結，有的人之所以會給別人留下負面印象，主要原因是他們不善於聆聽。「他們只關心自己的事情，只想著自己要講什麼話，別人說話一概不聽……很多名人也表示，相比健談者，他們更傾向於和那些善於傾聽的人交往。但是，比起其他優點，傾聽這種能力在人們中更少見。」

不僅名人，一般人也同樣需要傾聽。《讀者文摘》曾刊登過一句話：「很多人都去醫院看醫生，其實他們真正需要的，只不過是一名傾聽者而已。」

美國內戰處於膠著狀態時期，林肯寫信給遠在伊利諾州春田市的朋友，邀請他來華盛頓一起探討要務。這位朋友應邀來到華盛頓白宮。林肯打算發佈文告解放黑奴，兩人就可行性談了好幾個小時。林肯詳細分析了各方意見和觀點，又讀了一些信件和報紙文章，有些人質疑為何林肯還不快點行動，也有人害怕林肯會真的解放黑奴。幾個小時後，林肯和這位朋友握手道別，說完「晚安」林肯就派人把這位朋友送回了老家，自始至終都沒有詢問他的意見。他們的談話，幾乎都是林肯一人唱主角。或許只有這樣，林肯才能將心境平息下來。這位朋友回憶說：「談話結束後，林肯看起來精神放鬆了許多。」其實，林肯並不需要建議，而是需要一位友善、有同情心的傾聽者，好讓他能卸下內心的重擔。若是處在困境中，這正是人們最需要的。怒氣衝衝的客戶、滿腹牢騷的員工或黯然傷神的友人所需要的，不也是同樣的東西嗎？

心理學家佛洛伊德是我們這個時代的傾聽大師。有人如此描述與他談話的經過：「他專注聆聽的神情深深撼動了我，令人難以忘懷。我不曾在其他人身上看到這種特質，也不曾看過有人這麼專心一志。從來沒有這種工作，他就只是用穿透靈魂的凝視看著你。他的眼神溫和而親切，聲音低沉而友善。過程中他坐姿沒有太多變化。他投在我身上的專注力是那麼與眾不同，即使有時我說得不好，但他還是重視我說出的一字一句。你絕對想像不到，受到如此專心傾聽，帶給我多大的意義。」

想讓人退避三舍，在背後嘲笑甚至鄙視你嗎？以下這個方式絕對有效：忽視別人的談話，盡情放開談論自己。或者當別人談話時，你有了新的想法，就直接打斷別人的談話，然後大談自己。

你認識這種類型的人嗎？很不幸，我認識很多。而且令人吃驚的是，其中也不乏知名人物。

他們都是那種無趣的人，都是被膨脹的自我所毒害，一直沉迷於自己的重要性，著實令人討厭。

只談論自己的人，心裡只裝著自己。哥倫比亞大學的校長巴德勒（Nicholas Murray

Butler）博士說：「一心只考慮自我的人，是不可救藥的，也是不可理喻的，不管他有多高的學歷。」

如果你要成為一位談話高手，首先要學會留心傾聽；要引起別人的興趣，首先要對別人感興趣。問些對方感興趣想聊的話題，鼓勵他們，多談談自己或是有成就感的事。切記，不論你與誰談話，他一定更加倍關心他自己、自己的需求與問題，而你本人、你的需求、你的問題都只是次要的。

牙疼對你的意義，遠比中國數萬人死去的一場饑荒還重要；比起非洲發生四十次地震，你更在意脖子上有個痛癢的地方。所以下次談話，你千萬不要忽視這一點：成為好的傾聽者，鼓勵別人談論自己。

五　溝通，就是要談論他人感興趣的話題

凡與老羅斯福交往過的人，無不對他的知識淵博感到由衷欽佩。不論是牛仔、馴馬師、紐約的政治家或外交家，老羅斯福都能輕鬆地與他們交談甚歡，打成一片。

總統怎樣做到這些的？其實很簡單，每當老羅斯福要會見什麼人時，都會在前天晚上，閱讀點書籍，找出來訪者可能會感興趣的話題。

像所有優秀人物一樣，老羅斯福知道通往人心的康莊大道在哪，也懂得對方最看重的事情。

耶魯大學文學教授、散文家威廉・里昂・菲爾普斯（William Lyon Phelps），他為人隨和，很小的時候就領悟到談話的技巧。

在一篇談論人性的雜文中，他寫道：

八歲那年的一個週末，我去康乃狄克州的豪薩托尼克河谷探望琳賽姑媽。一天晚上，來了位中年人，他和姑媽有點意見上的小爭執，兩人討論完後，他很快注意到我。我當時正著迷於各種船隻，這位訪客便談起這個話題，講得非常有趣生動。他離開後，我興奮地提起這位先生，他真是有意思的人！姑媽告訴我，他其實是紐約的一位律師，船隻不是他的專長，甚至一點興趣也沒有。我問姑媽：「但為什麼他對船表現出這麼大興趣呢？」姑媽說：「他是一位紳士，見你對船隻如此著迷，所以他特意挑你感興趣的話說。所以大家都說他好相處。」

菲爾普斯說：「姑媽這一番說明，讓我終生難忘。」談到這裡，我這裡還有一封學員愛德華・查利福的來信，他一直積極參與童子軍活動。信中寫道：

歐洲就要舉行童子軍大會師了，我需要向一位美國大公司的經理申請贊助，我們團裡一位孩子的旅費才有著落。非常走運，在拜訪之前，我聽說這位經理開過一張一百萬美金的支票，在支票給付後，他拿回來裱裝做紀念。我去拜訪他時，他第一件事就是向我展示這張支票。一百萬的支票呢！我立刻表現得十分驚奇，告訴他我這輩子從來沒有見過有如此大面額的支票。我對他說，我一定要把這張支票的事情告訴我的童子軍。我讚嘆不已，迫不及待地請他把支票背後的故事講給我聽。

注意，一開始我並沒有談論童子軍或歐洲大會師的事情，更沒有提及贊助事宜。我只是不斷談論他感興趣的話題。過了一會兒，這位負責人主動問我拜訪的目的，於是我就把贊助的事告訴了他。令我吃驚的是，他不僅一口答應了我，而且額外給了更多贊助。本來，我只需要一位童子軍的旅費。結果他一下子開出一張一千美金的支票，足足可以贊助五名童子軍連同我本人一起去歐洲。他建議，我們應該在歐洲玩兩個月。他還給了我一封信，把我推薦給歐洲分公司的負責人，以便他們能隨時幫我們。後來，他又親自去巴黎接待我們，並一起遊覽了巴黎。此後，他經常會為一些家境窮困的童子軍提供工作機會，在童軍界非常活躍。

我清楚地知道，如果一開始沒有選對他感興趣的話題，讓他放鬆心情，就不會發現原來他是如此平易近人。

這種技巧應用在商業活動中的例子比比皆是。拿紐約麵包烘焙批發商——杜氏公司為例。

亨利·杜維諾伊（Henry Duvenoy）先生一直想把自家的麵包推銷給紐約一家大飯店，連續四年他幾乎每週都要拜訪這家飯店的經理，想方設法出席他會參加的社交活動。為促成合作，他甚至在這家飯店租下房間久住，可惜最後還是失敗了。

杜維諾伊先生說，直到有一天，當他開始研究人際交往技巧方面的知識，於是改變策略，試著尋找這位經理的興趣，看看是否能點燃對方的熱情。杜維諾伊先生說：

這位經理有參加飯店主管聯誼會，他不只是會員，還對協會懷抱著無限的熱情，後來便榮升聯誼會的主席。無論會議在哪裡舉行，他人都會在現場。

再次拜訪他時，我一開口就和他談聯誼會的事。他的反應非常積極，令我印象深刻。他的語氣充滿熱情，整整半個小時談話都在聊聯誼會。看得出來，這不僅是興趣，他甚至把畢生心血都傾注在裡面。離別時，他還鼓吹我成為他們的會員。

談話自始至終，我隻字未提到麵包。但沒幾天，我就接到他們飯店採購的電話，讓我把麵包樣品和報價單送過去。

採購對我說：「真不明白你到底給這位老先生施了什麼魔法，但他真的被你打動了。」

回想起來，四年來我用盡各種方法，一直想做成這筆生意。如果我沒有認真找出他感興趣、愛聊的話題，或許至今我還在做無謂的努力。

談論有趣的話題，對彼此都有裨益。霍華德．赫茨（Howard Z. Herzig）是職場溝通領域的頭號專家，他總是遵守這個原則。若問他由此得到什麼回報，他表示，他不只從每個人身上獲得不同的回饋，整體來說，每次與人聊天時，這些回饋又能擴大生命的視野。所以我們要盡量談論對方感興趣的話題。

六 用「讚美」贏得別人好感

紐約三十三大街與第八大道交匯處有一個郵局，有一次我在這裡排隊寄掛號信時，注意到員工一副百般無聊的樣子：稱重、貼郵票、找零、開收據，日復一日年復一年。我暗自對自己說：「我一定要讓那個人對我產生好感。我必須說出令他高興的話，而且一定是關於他的。」所以，我開始尋思：「在他身上有哪些優點我可以發內自心讚美？」這相當有難度，尤其是面對一個陌生人。說來也巧，我很快就發現自己很欣賞的優點。

在郵件稱重時，我非常真誠地對他說：「你的髮質真好，我真希望和你一樣。」

他抬起頭來，有些驚訝，但很快就露出喜悅的笑容。他謙虛地說：「不過現在沒有之前那麼好了。」我趕緊說：「在我看來，還是一樣令人羨慕。」他聽後顯得很高興。於是我們開始了一段愉快的談話。臨走前他對我說：「的確有很多人羨慕我的頭髮。」我敢保證，那天午飯，他一定吃得很愉快，或許晚上回家，他會把這件事情告訴妻子；甚至在照鏡子時會說：「瞧！這一頭秀髮，太漂亮了。」

我在一次演講中提到過這件事，有人不解地問：「你這樣做，有什麼企圖呢？」

企圖？我能企圖什麼？假如每個人都卑劣又自私，做任何事都要對方回報，從不真心地讚美他人，甚至散發一些歡樂也好；假如我們的心靈像一顆小莓果一樣，想必我們應得的只有失敗的人生。要說真的有什麼企圖，或許我想得到的是金錢無法衡量的東西。而我也成功了！我感覺到自己為對方做了什麼，但不需要他實際上有所回報。這種感覺在我記憶中留下美妙的樂章，即使過了很久還能回味。

人際交往中，有一條法則極為珍貴。遵循這條法則，你將諸事一帆風順，獲得友誼和幸福；違背它，你的人生就必然充滿坎坷。這條法則就是：讓他人感到自己很重要。

前面已提到，杜威教授說：「人類最深度的渴望，就是感覺受到重視。」威廉·詹姆斯教授也說過：「人性最深處的動力，就是渴求別人的讚賞。」我也指出：「這種渴望便是人與動物的最大區別，人類文明因此才得以發展。」

哲學家們千百年來孜孜探尋人際關係的法則，而在這所有探究的背後，他們得出一個重要的洞見。其實並不新奇，歷史上早就有人提過。兩千五百年前，祆教的瑣羅亞斯德用這個原則教誨他的門徒；兩千四百年前，孔子大力提倡這條哲理；道教創始人老子在函谷關也這麼說過；耶穌基督誕生五百年前，佛陀已在神聖的恆河邊教誨眾生；一千年前，印度教的經典也描述過；一千九百年前，在猶地亞佈道的耶穌基督，用這一句話總結了這個教誨，這或許是世界上最重要的法則：「你們希望別人怎樣對待你們，你們也應當怎樣對待別人。」（《路加福音》，六：三一）

與人聯繫時，我們都想要得到對方的讚許，希望得到真摯的欣賞，想要在自己的小小世界中感到有重要性。我們討厭廉價的奉承，渴望真摯的讚賞。我們都希望朋友跟同事能對自己「嘉贊以誠，不吝褒揚」，這是施瓦布所說的，也是所有人的渴望。

我們都應該遵守這條金律。怎麼做？何時何地？答案是：隨時，隨地。

在威斯康辛州歐克萊爾，大衛．史密斯負責管理一個慈善演唱會冷飲站。他用這個法則，巧妙化解了一場危機。他說：

公園演唱會那天晚上，有兩位女士在冷飲站僵持不下。顯然，她們都認為自己應全權負責冷飲站的工作。我努力地想該如何應對。這時，演唱會主辦單位出現了，交給我一個現金盒，並感謝我管理冷飲站。主辦單位將兩個女士介紹給我：蘿絲和珍，並指定兩人做我的助手。

我們沉默了一會兒，我意識到現金盒似乎是一種權力的象徵，於是我把現金盒交給蘿絲，解釋說我數字概念不好，如果由她管理我比較安心。然後，我又請珍去負責教兩個十幾歲的孩子如何操作飲料機，希望她全權負責這部分的工作。

那天晚上，蘿絲很高興地數著錢，珍看管那兩個小孩，而我則盡情享受那場演唱會。

你不用成為達官貴人或是大慈善家，就可以善用讚美哲學，你每天都可以運用它創造奇蹟。

比如，你去餐館點了一份炸薯條，端上來的卻是馬鈴薯泥，你可以這樣說：「實在不好意思，太麻煩你了。我其實更喜歡吃薯條。」服務人員或許會回答說：「哦，沒關係的，很樂意為你效勞。」你尊重服務人員，她肯定會樂意為你換成薯條。

「不好意思」、「勞駕」、「請」、「能否」、「謝謝」，這些都是日常禮貌用語，也是生活的潤滑劑，為生活增添五彩斑斕的色彩，也是體現我們良好教養的象徵。

二十世紀最有名的流行小說家霍爾·凱恩（Hall Caine），著有《基督徒》（*The Christian*）、《法官》（*The Deemster*）、《孟克斯人》（*The Manxman*），在全球擁有千萬讀者。凱恩的父親是位鐵匠。他自己唯讀過八年書，然而在離世時，他已經成為那個時代最有錢的作家。

凱恩小時候熱衷於十四行詩和敘事詩，如饑似渴地讀完了大詩人但丁·加百利·羅塞蒂（Dante Gabriel Rossetti）的所有著作。為此他還寫過一篇演講稿，歌頌羅塞蒂在詩歌上所取得的傲人成就，並寫信給羅塞蒂本人。羅塞蒂讀到這封信後非常高興，心裡或許說：「對我的才華有如此深刻理解的這位年輕人，一定是位稟賦超群的人。」於是羅塞蒂邀請這位工匠之子到他倫敦的家中擔任秘書。這成為凱恩重要的人生轉捩點。他透過這個機會，又接觸到很多當代的著名作家。從這些人身上，他學到了很多寶貴知識，受到指引、鼓舞和啟發，從而走上寫作道路，終究美名響徹雲霄。

凱恩位於英國曼島格里巴堡的家鄉，現已成為旅遊者常去的勝地。他一生留下百萬美元財產。羅塞蒂自視甚高，這並沒錯，每個人都認為自己很重要。誰也不敢說，當初凱恩要是沒有寫那篇歌頌羅塞蒂的演講稿，他或許會在窮困潦倒中度過餘生。

發自內心的真摯讚賞，是一種超乎想像的力量！

命運有時僅僅因受到一次賞識，就會發生巨大改變。羅納德·羅蘭是加州一名律師兼美工課老師，他寫信給我，講述了關於他初級手工班上學生克里斯的故事：

克里斯是個安靜又羞怯的小男孩，也缺乏自信，時常沒有得到應有的關注。我也在高級班教課。對於學員來說，努力獲得機會進入高級班，就象徵某種地位與身分。一個週三，克里斯在埋頭做手工。我發覺他似乎有什麼事情要急於表達，於是上前問他，是否願意進入高級班？當時克里斯的表情、情緒真是難以形容，展現了這位十四歲少年的羞怯。聽完，他竟然強忍住自己的淚水。

「我嗎？羅蘭先生，我夠資格嗎？」「沒錯，克里斯，你的能力夠好了。」他強忍住淚水，奔出教室。當我再次見到克里斯，發覺他似乎長高了兩英寸。他用明亮的藍眼睛看著我說：「謝謝你，羅蘭老師。」受重視的感覺，是多麼重要啊！克里斯給我上了一堂終生難忘的課。為此，我做了一個小標語「你是重要的！」貼在教室前面，讓每個學生都看得見。它時刻提醒著我，每個學生都很重要。

顯而易見的事實是，你生活中大部分的人，總會覺得某方面比你厲害，所以只要你巧妙地認可對方的重要性，而且要真心真意，那他們肯定會對你打開心防。

愛默生的一句話，值得我們牢記：「我遇到的每一個人，都在某些方面比我強，我正好在這些方面可以學習。」然而可悲的是，找不出一絲絲成就的人，為了支撐自己的自尊心，就只能不斷講出一些令人生厭的浮華之詞！如同莎士比亞筆下描述的：「人類！倨傲的人類啊！用那一丁點的權威裝扮自己，在天界之下玩弄花俏的把戲，連天使都為之哭泣……」

我們來看看商界人士是怎樣利用這種原則達到驚人效果。參加課程不久，一次R先生同妻子去長島看望親戚。恰巧妻子又要去其他親戚家，就留R先生陪著年邁的姑媽聊天。R先生之後要發表專業演說，分享他如何在生活中實踐讚美原則，於是他想，與這位女士談話應該是寶貴的練習機會。他環顧四周，試圖找出可以讚美的地方。

他問：「這房子建於一八九〇年？」「是的，正是那一年。」女士回答道。

R先生接著說：「太漂亮了！這讓我想起我出生的那座老家的房子，很敞亮，現在的人可再蓋不出這樣的房子了。」

「絕對是啊！」老人很贊同，「現在的年輕人不太注重房子的美觀，一間小公寓就滿足了，然後整天開著車兜風。」

「我這可是一座夢想之屋啊。」老人聲音發顫，似乎回憶起了往事，「這房子是我和丈夫愛情的見證。開工前，我們期盼了很久很久，沒有請建築師，全都是我們親自設計的。」

老太太領著R先生仔細參觀房子，裡面擺著姑媽在世界各地旅行時收集的各種紀念品，有波斯的披肩、英國的古董茶具、法國床椅、義大利油畫以及法國城堡流行的絲綢窗簾。

參觀完房子，R先生又被帶去看車庫，裡面停著一輛幾乎全新的高級帕卡德（Packard）汽車，連輪子都托高沒落地。

老太太輕聲說：「這輛車是我丈夫去世前買給我的，他走後，我再也沒用過……你眼光很好，我想把這輛車送給你。」

R先生驚訝得喊道：「啊！姑媽，妳太抬舉我了。我對妳的一番盛情表示由衷感激，但我真的不能接受它，我自己有車。而且，我不是妳的直系親屬，妳其他親人一定也很喜歡這輛車。」

老太太大聲說：「親人！我是有好多親人，但是他們現在正等我死呢。我一死，他們就能繼承我的車了。他們想得美！」

R先生告訴老太太：「如果妳不願意把車留給親戚，也可以把這車賣給二手車行。」

「賣掉？」老太太尖叫著：「你覺得我想賣掉它嗎？我才不想讓那些陌生人坐在我丈夫買給我的車裡到處兜風！年輕人，我絕對不會把它賣掉，我只想把它送給你，因為你是有鑒賞力的人。」

儘管R先生極力拒絕這份禮物，但是最終還是不得不收下，因為拒絕會讓姑媽傷心。

老太太獨居在這座空空的漂亮房子裡，陪伴她的有波斯披肩、法國的古董以及她一生的回憶。她曾經年輕過、美麗過，擁有過無數追求者。她建立起幸福的家庭，從全球搜羅各種珍奇異品來妝點。如今她垂垂老矣，與孤獨相伴，但依然渴望關懷和溫暖，渴望真誠的讚美，只是很少有人能給予她。R先生的一番讚美，就如荒地來了一場及時雨，她無以適切表達內心的感激之情，只能把自己的愛車拱手相送。

唐納德．麥克馬洪是「路易士與瓦倫廷」唱片公司的總經理，也是紐約著名的園藝專家，他講過一個故事：

> 聽過「如何贏得友誼和影響他人」的課程不久，一次我在一名法官家裡佈置園景，客戶不斷提出各種想法。
>
> 我說：「法官先生，你的業餘愛好真的好豐富啊，你的寵物狗養得真漂亮，我聽說牠們還前去麥迪森廣場花園，獲得犬展大賽的藍絲帶獎。」
>
> 寥寥幾句讚美之詞，立刻產生了驚人效果！
>
> 法官頓時高興起來，他說：「的確如此，我太寵愛我的狗了，你想參觀我的犬舍嗎？」

他花了一個多小時，讓我看他的狗狗們以及犬展獲得的各種大獎。他還津津有味地講起如何配種，狗才會有優良外貌和智商的血統。

後來他轉身問我：「你有孩子嗎？」

我回答：「有個兒子。」

「那他一定想要一隻小狗？」法官問道。

「當然了。他一定會高興得不得了。」

「太好了！我這就送他一隻小狗。」

他又接著給我講了很多餵養小狗的知識，講著講著他停下來說：「我還是給你記下來吧。光口頭說，你也記不住那麼多。」他進屋打字，整理好一張狗的血統和餵養方法，最後送給我一隻價值幾百美金的名貴小狗。我們的談話總共花了一小時十五分鐘，而這都是因為我真誠地讚美他的興趣和成果。

柯達公司創始人喬治·伊斯曼（George Eastman）發明了相片的膠卷，催生了動態影像的實現。他是世界最著名的企業家，擁有億萬美元的財富。儘管他如此成功，但是依然像你我這般普通人一樣，渴求些微的認同。

伊斯曼準備在羅徹斯特打造伊斯曼音樂學院和基爾伯恩大劇院。一家紐約座椅公司的經理詹姆斯·亞當森想成為這些建築的座椅供應商。他打電話給負責專案的建築師，說明想要去羅徹斯特拜訪伊斯曼。

亞當斯到達羅徹斯特後，建築師對他說：「我知道你想取得訂單，但我告訴你：如果你和他談話超過五分鐘，那你就馬上出局了。伊斯曼非常嚴厲，平時很繁忙，你最好抓緊時間，講完就出來。」

亞當森精心做好了準備。當他們進入辦公室的時候，伊斯曼正在低頭看文件。過了一會兒，伊斯曼抬起頭，摘下眼鏡，問道：「你們好。請問兩位有何指教？」建築師說明了來意，亞當森接著說：「在剛才等候時，我一直在欣賞你的辦公室，要是我也有這樣一間辦公室，那多好啊！在裡面工作一定很舒心。從事室內裝潢很多年，我一輩子也沒有見過哪間辦公室像你的一樣漂亮。」

伊斯曼回答說：「你要是不提醒，我都差不多快給忘了，這間辦公室的確很漂亮。剛裝修好時，我就喜歡上了它，後來實在太繁忙了，有時都熟視無睹。」

亞當森上前撫摸著一塊桌板，說：「這一定是英國橡木吧？和義大利橡木還是有些區別的。」

伊斯曼說：「的確如此。這些都是專程從英國進口貨真價實的橡木，有一位朋友對硬木有相當研究，他專門為我挑選的。」

接著，伊斯曼饒有興趣地帶著亞當森仔細參觀了辦公室，詳細介紹了傢俱擺設的位置、辦公室的配置、色彩以及手工雕飾細節，而且這一切都是在他的參與下完成的。

他們邊走邊談，欣賞各種裝飾，最後走到窗前，伊斯曼停了下來，用平緩的語調談到將要捐助的一些項目，包括羅徹斯特大學、公共醫院、療養院、慈善養老院、兒童醫院。亞當森熱情讚賞，要用財富化解人類的痛苦，這些都是最棒的方法。伊斯曼又打開一個玻璃櫃，取出世界上第一架照相機，這件古董是他從英國人那裡買來珍藏的。

最後，亞當森問起，伊斯曼如何從早年的困頓環境開始發跡。伊斯曼感性地說起他童年的艱辛生活，當時守寡的母親住在出租屋裡，而他去一家保險公司做業務員，貧窮和對未來的恐慌時刻折磨著他。他暗自下定決心，一定要賺更多的錢，讓母親過上好日子。亞當森安靜地聽著，非常投入。後來他又問起試驗膠片的過程。伊斯曼說，當時他整日拼命地做試驗，日夜都待在辦公室，有時只能在化學試驗過程中趁機打個盹，有一次竟然三天三夜都沒回家換衣服。

亞當森進入辦公室前被提醒，只有五分鐘的交談時間。可現在已經過去一小時、兩小時了……他們還有談不完的話。

臨走前，伊斯曼告訴亞當森：「我在日本買了幾把椅子，放在陽臺上，風吹日曬，油漆竟然脫落了。我就買了一些油漆，親自刷了一遍。你有興趣到我家看看我刷得怎樣嗎？

來吧，到我家來做客，我們一起吃個午飯，再讓你看看我的手工。」

午飯後，亞當森看到了那些椅子。雖然椅子值不了多少錢，但是對於億萬富翁來說，能親自做這些手工活，還是相當值得驕傲的。到這裡，大家或許已經猜到：這次伊斯曼採購座椅的九萬美金大單會花落誰家？是亞當森，還是他的對手們？答案不言而喻。事實上，伊斯曼和亞當森成了一生的摯友。

克勞德．馬雷在法國盧昂擁有一家餐館，他也用了讚美原則以避免失去餐館裡的關鍵人物。這位女士為他工作了五年時間，也是其他二十一名員工的主管，是良好的溝通橋樑。當接到這位員工的親筆辭職信時，他驚呆了。馬雷先生談及當時的情況：

我感到很震驚，也有些失望。我對她一直很公平，她有什麼要求，我也都會傾聽。我們不僅是同事，更是朋友，但也許我太重視她了，所以比起其他員工，我對她有更高的要求。

但是我無法接受她這樣毫無理由的離職。我就把她叫到一邊說：「寶萊特，我想讓你明白，我真的無法接受你的辭職，你對我以及餐館都很重要，這家餐廳的成功，你的貢獻甚至不下於我。」我將這些話在公司當著大家的面又說了一遍。後來，我邀請她去我家做客，又當著家人的面表示了對她的信任。

實萊特最終決定收回辭職信，回到餐館。我比過去更加器重她。為了表達誠意，我更經常讚美她的努力，以顯示她對餐館以及對我有多種要。

主掌大英帝國的首相迪斯雷利，被公認為是當時最睿智的人。他說過：「和對方談論他們自己，他們會不厭其煩地聽上好幾個小時。」因此，我們要真心誠意地讓對方知道自己有多重要。

受人歡迎的六種方法

法則一：用一顆真誠的心去關心別人。
法則二：保持微笑。
法則三：記住，不管你說的是哪種語言，對你來說，名字都是最好聽、最重要的聲音。
法則四：成為好的傾聽者，鼓勵別人談論自己。
法則五：談論讓對方感興趣的話題。
法則六：真心誠意地讓對方知道自己有多重要。

第三篇
讓人贊同你的十二條法則

一　爭辯中沒有贏家

一戰結束不久，當時我在做羅斯・史密斯（Ross Smith）爵士的經紀人。戰爭期間，史密斯在澳洲當飛行員，被派往巴基斯坦。他功勳顯赫，戰爭結束後曾三十天飛行了半個世界，這一成就轟動全球。澳洲政府獎勵他五萬美元，而英國政府授予他爵士勳章。一時間，他成為英國最紅的公眾人物。

一天晚上，我參加史密斯爵士的歡迎晚宴。坐在旁邊的一位先生給我講了一個有趣的故事，最後他以一句名言下了註解：「命運終有神靈在掌握，無論我們如何批荊斬棘」。

這位風趣先生說，這句話源自《聖經》。我知道他錯了，毫無疑問，我一定是對的。為了得到受重視的感覺以及優越感，我指出了他的錯誤。只為了糾正對方，我成了不請自來、令人厭惡的挑錯大隊。但風趣先生也不讓步，他非常確定地說，太可笑了，這句話不可能出自莎士比亞的名著，一定是出自《聖經》。

風趣先生坐在我的右邊，我左邊則是老朋友法蘭克．加蒙德（Frank Gammond），他研究莎士比亞已經很多年，所以風趣先生跟我都同意問問加蒙德的意見。加蒙德先生聽完後，在桌子底下踢了我一下，說：「戴爾，你弄錯了吧？這位先生沒錯，這句話的確出自《聖經》。」

晚上回家路上，我問加蒙德先生：「法蘭克，你明明知道這句話出自莎士比亞。」加蒙德平靜地說：「沒錯，這句話出自《哈姆雷特》第五幕第二場。但是，戴爾，我們只不過是參加宴會的客人，沒必要證明別人錯了。與其讓他同意你的想法？不如給他留夠面子。他又沒問你意見，顯然也不需要。沒有必要爭辯時，總是要避免正面交鋒。」

加蒙德這番話，對我啟發很大，可以說終生難忘。我不僅讓風趣先生不開心，也讓我的好朋友很尷尬。如果我不那麼好辯，氣氛就應該會好很多了吧？

這個教訓對我來說太重要了。我一向喜歡與人爭論，而且樂此不疲。年輕時，我經常和哥哥爭辯，全宇宙所有的事情我都有意見。大學期間，我又研究了邏輯學和辯論術，參加過各種辯論賽。我是從密蘇里州來的小子，一定要大家看到我的本事。我還在紐約教授別人如何辯論，甚至還異想天開地想寫一本有關辯論的書。

我參加、旁聽過的辯論會多達幾千場，我仔細觀察並反思過這些辯論，最後得出一個結論：世界上唯一可以贏得辯論的方法，就是避免爭辯。一遇到這種情形，就要躲得遠遠，彷彿像看到毒蛇猛獸一般。

每次爭辯，十之八九，結果都無非是讓雙方更加篤信自己的觀點。

爭辯結果無非是你贏了，他輸了。即使贏了，結果還是輸。為什麼這麼說？想一想，假如你贏了辯論，證明對方的論點漏洞百出，指出他腦袋不清楚，那又能怎樣？你自我感覺或許很好，但是對方的感受呢？你傷了他的自尊心，讓他覺得才智不如你，但到頭來他只會嫉恨你的勝利。俗語說：「不情願被說服的人，很難徹底改變其觀點。」

有個叫派翠克・奧海爾的年輕人，多年前參加過我的課程。此人教育程度不高，卻很愛爭論！他當過汽車司機又推銷過卡車，但都沒什麼成績，後來他找我尋求幫助。

稍微和他聊了幾句，我就發現他經常與往來的客戶爭論不休，因而冒犯人家。如果有客戶對他販售的卡車有疑問，他就氣勢洶洶地當面辯駁一番。但後來他反省：「每次我走出別人的辦公室，都會自我安慰『剛才把蠢蛋好好教育了一番』。我的確有好好教他，但東西卻沒賣出去。」

我想，我需要教給奧海爾的不是如何跟人交談，而首先是要幫助他控制自己的情緒，避免無謂的爭執。

如今，奧海爾已經成為紐約懷特汽車公司的一位明星業務員。他是如何做到的？他這樣說：

假如我去一位顧客的辦公室拜訪，對方說：「懷特汽車？這種車可不太好啊！你就是白送我也不會要的，我只買某某汽車。」我說：「你說的那種卡車的確口碑不錯，品質也很好，而且售後服務也很周到。」這樣一說，對方就不再爭辯了。他認為那家汽車好，我就表示同意，於是巧妙地中止了一場爭論。而他不可能不停地說某某汽車的好。等他停下來，我就見縫插針地給他介紹懷特汽車的優點。

這種情況要是幾年前，他一開口我可能就會大發雷霆，立即爭起來，說某汽車的種種不是，而客戶會更加維護自己的觀點。辯論越激烈，顧客就越喜歡對手公司的汽車。

仔細想，我真不知道到底能賣出什麼東西，我把大部分精力都用在無意義的爭辯上了，現在我已經改掉這個壞習慣，而這個努力是值得的。

班傑明．富蘭克林講過一段非常有智慧的話：「如果你是那種爭強好勝的人，或許一時逞強贏得一場辯論，但這種勝利最終是毫無價值的，也得不到對手的好感。」

所以，你要搞清楚，到底是想要贏得學理上、情緒化的辯論勝利，還是贏得別人的好感？魚和熊掌不可兼得。《波士頓晚報》登過一首有趣的順口溜：

威廉．傑的身體在此長眠，至死維護他的真理，他是正確的，正確的要命，如他的生命轉瞬即逝。他輸也好，贏也好，也都與他一同死去。

與人爭辯，即使百分百正確，你也休想改變別人。一切都是徒勞，因為爭辯本身就錯了。稅務顧問佛雷德里克．帕森斯曾有一項九千美金的帳目出現問題，便與一名政府稅收稽查員爭吵了一個多小時。帕森斯認為這筆帳是一筆壞帳，不應當列入徵收項目，因此他無須繳交。而那位稽查員認為：「壞帳？簡直胡扯！稅，一定要徵收。」

帕森斯在課堂上回憶起，這位稽查員非常冷漠、倨傲，而且固不可徹，講道理、說事實都沒有用。兩人越爭論，他越堅持己見。最後，帕森斯不得不停止爭論，改變談話內容，轉而對他說了一些欣賞的話：

「你們業務繁多，與其他稅收相比，這件事情簡直不足掛齒。我讀過一些稅務方面的書，但僅限於書本知識。你在第一線常常得直接面對客戶的怒火，有時我會真希望自己能有你這種實務經驗。一定得要向你好好學習。」我講得很認真。稽查員在椅子上伸了一個懶腰，頭向後一靠開始饒有興趣地講起他的工作來了，語氣也變得和藹許多。他告訴我，他曾揭穿過很多稅務上弄虛作假、瞞天過海的伎倆。之後，他又談了一些有關孩子等生活的雜事。臨走前，他告訴我，他會再想想那條稅目的問題，幾天後給我答覆。三天之後，他再次來到我的辦公室，他說他已經決定撤銷那筆稅目了。

這位稽查員的反應正顯示人性最脆弱的一面。帕森斯據理力爭，但稽查員為了得到受重視的感覺，只好更大聲回擊，以樹立他的權威。一旦帕森斯肯定了他的重要性，爭吵便戛然而止。既然能保有他的自尊，稽查員就立刻轉變得富有同情心、平易近人。

佛陀說：「憎恨不能以憎恨化解，唯愛才能止息。」誤會難以透過爭辯消除，只有巧妙運用技巧，從對方的角度，用寬厚的胸懷、同情心去化解。

有一次，林肯總統的同事與一位青年軍官發生了爭執。林肯處理了此事，他說：「有決心要成就自己的人，絕不該在雞毛蒜皮的小事上浪費時間。這麼一來他更不用承擔失敗的後果，因為爭執只會讓人脾氣變壞、喪失理智。若爭執的事情大到只是要展現你有同等權利，那就可以放下；若爭執的事情小到只是證明你對，那也可以放下。與野狗奪路被咬，不如讓行；即使殺死野狗，也不能癒合你的傷口。」

《點點滴滴》（*Bits and Pieces*）雜誌中的一篇文章，給出了一些避免爭論的建議：

一、歡迎不同的聲音。俗話說，如果合作雙方意見完全一致，那麼其中一方就沒有存在的必要。一方提出不同意見，你首先要表示感謝，因為那就是你剛好沒注意到的面向。在你犯下大錯前，這個意見分歧點讓你有機會修正做法。

二、不要相信當下接受到的第一印象。在意見不同的情況下，人類的第一個自然反應就是防衛。但要注意：一定要保持平靜，不要被第一反應左右，這樣會導致重大錯誤，錯過明智的判斷。

三、控制情緒。會讓你生氣的事情，決定了你的成長發展。

四、學會聆聽。讓不同意見得以表達，讓對方暢所欲言。不要刻意反對、辯解和爭執，那只會築起高牆。應搭起相互理解的橋樑，而不是讓誤解的城牆逐步加高。

五、求同存異。別人有不同意見時，應該想想哪些要點與面向，你也同意。

六、以誠待人。不怕承認錯誤，做個誠實的人。有錯誤，就應該向別人真誠道歉，這樣就能化解對方的武裝，減低他的敵意。

七、跟對方保證，一定會重視並認真思考他的想法，不可食言。反對意見可能是明智之舉。與其貿然躁進、結果被對方挖苦：「我早就告訴你了，誰叫你不聽。」還不如事先好好考慮對方提出的要點，會讓自己比較好過。

八、誠心感謝對手的關注。提出反對意見，就表示對方和你關心同樣一件事。若你認為他們真的來幫你的，那麼你可以把敵人變成朋友。

九、三思而後行，給彼此時間再把問題想過一遍。所有相關事證周全時，就可以約定好下次討論時間，而在碰面前，你需要問自己這些問題：「反方意見是否完全有道理？還是部分有道理？對方的立場或論點是否真確、有可取之處？我的反應能夠解決問題，或是解消對方的挫折感？我的回應方式會把對方推開，或是讓對方更接近？我的反應是否能提升眾人對我的優秀評價？我會贏或輸掉這次辯論？贏的代價是什麼？我如果保持沉默，衝突是否會自然平息？這個僵持不下的局面，是否意味著新的機會？」

歌劇男高音簡・皮爾斯（Jan Peerce）結婚五十年了，談及婚姻生活，他說：「我和妻子很久之前就有個協議。不論一方怎樣對另一方不滿，必須恪守這個協議。當一方情緒失控，大吵大吼時，另一方必須安靜、耐心地聆聽。如果雙方都在大呼小叫，那就談不上溝通，留下的只有刺耳的噪音與顫抖的嘆息。」

總而言之，避免無謂爭論，是贏得爭論的唯一途徑。

二　避免得罪人的說話技巧

老羅斯福總統入職白宮後坦承，只要在百分之七十五的事情上不出大錯，他就達成自己立下的高標了。

如果二十世紀最傑出人物的工作高標尚且如此，那麼你我這般普通人又何必對自己太苛刻呢？

每件事若你能有百分之五十五的把握，那就可以去華爾街進行投資生意，一天賺數百萬美元了。如果沒有這自信，那我們有何必要對他人的過錯指指點點？

指責別人不只能透過語言，一個眼神、一個聲調甚至一個手勢都可以傳達情感。別人會聽任你的指責嗎？絕對不會！這樣做只會直接攻擊到對方的智商、貶低他的判斷力、打擊他的自尊心，所以只能招致反感，更不會改變原來的心意。不管你多麼能言善道，旁徵博引了再多柏拉圖、康德的理論，仍然無濟於事，你畢竟是傷害了對方的情感。

永遠不要說「我要一一證明你哪裡錯了」，因為這意味著你在說：「我比你有遠見，比你有智慧，我要告訴你應該如何如何，讓你改變想法。」這等同於挑釁，一定會引起對抗。你一開口，別人立即會和你爭辯起來。

即便是在平和的環境裡，指責也不會改變別人的想法，只是讓自己陷入進退兩難的困境。

倘若你真的想要證明自己是對的，你不必大聲宣揚，也不必非要讓每個人知道，最好運用技巧、策略，在「潤物細無聲」的狀態下證明給大家看。英國詩人亞歷山大．波普（Alexander Pope）曾一針見血地說過：「教育別人時，不要有權威的態度。傳授新知時，要好像提醒早已熟知的知識一樣。」

三百年前，伽利略曾說過：「教育人是不可能的，你只能幫他找出內在本有的智慧。」

英國政治家查斯特菲爾德（Chestfield）勳爵對他的兒子說：「你應該努力變得比別人更聰明，但不要告訴他們。」

蘇格拉底在雅典對他的門徒諄諄教誨道：「我所知道的只有一件事情：那就是我什麼也不知道。」

我沒有蘇格拉底那樣高深的智慧，因此我沒有理由去指點別人。這樣的自我提醒令我獲益良多。

有人告訴你哪裡做錯了，假如是真的，你不妨這樣回答：「是的，你看，我們想法不同，有可能是我錯了。我免不了會犯錯，有錯也會改進。那麼，我們一起來看看問題在哪。」

「有可能是我錯了」、「我免不了會犯錯」、「我們一起來看看問題在哪」，這幾句話可是有魔法般的正面力量。

不論是在天堂、在人間、在水世界，這幾句話都不會引起反感。有一名來自蒙大拿州比林斯的學員，叫哈洛德·蘭克，他是當地道奇汽車的代理商。他說，汽車銷售壓力很大，處理顧客的投訴時，他總是得板起臉孔、冷漠以對。但如此一來對方更火大，時不時就會發生各種不愉快的狀況，生意也變得越來越難做。學習人際技巧後，他在班上說：

我承認，這種做法只會讓問題一下就走入死胡同，我開始試圖用新的策略。於是對顧客坦言：「這次交易我有些地方做得不妥，一直深感抱歉。我們有錯誤的地方，請直言不諱告訴我們。」

這麼一說，顧客的對立情緒明顯減少。顧客一旦平靜下來，就願意講道理，問題也就不那麼複雜了。有的顧客甚至親自跑來感謝我，只因為我展現如此明理體貼的態度；有的還介紹他們的朋友來找我買車。在競爭如此激烈的市場上，我們太需要這樣的顧客了。我認為，只要你足夠重視顧客的意見，有一定的溝通手腕，能禮貌地對待顧客，那麼你就能脫穎而出。

承認自己可能錯了，並不會惹來什麼災禍。事實上，坦然認錯可以避免所有爭執，讓對方變得和你一樣公平、開放、心胸寬大，他也可能承認自己錯了。

假設你很肯定別人真的錯了，並直截了當地告訴別人，他們會有什麼反應？有個例子。一位紐約的年輕律師，有一次參加美國最高法院的重案辯護，此案涉及的賠償金額巨大，其判決方式也將會對法律界產生重大影響。辯護過程中，法官問他：「《海事法》的訴訟時效是不是六年？」這位律師愣住了，看了法官很久，然後直接說：「審判長，《海事法》裡面沒有關於訴訟時效的法規。」

這位律師在班上描述當時的情形：「整個法庭變得鴉雀無聲，像凝固了一般。我是對的，法官出錯了。我不假思索地指出了錯誤，但這能讓他態度和緩嗎？絕對不能！雖然我認為法律站在我這邊。我承認，那次是我在庭上表現最好的一次，但並沒有說服他，只不過是做了一件蠢事，當眾讓一位知識淵博、德高望重的法官出醜。」

絕大多數人都不懂按照邏輯思考問題，心裡充滿偏見和預設立場，懷抱著嫉妒、猜忌、恐懼和傲慢的態度，逐日減弱自己的生命力。絕大多數人終其一生，都不會改變自己的信仰、髮型或崇拜的影視明星。

假如你是那種熱衷批評別人的人，在早餐前請坐下，靜心讀一讀下面的文字。這段文字摘自詹姆斯·哈威·羅賓遜（James Harvey Robinson）教授《理智的形成》（*The Mind in the Making*）一書，發人深思：

有時，我們能輕鬆改變自己的想法，既不會抗拒，也沒有不滿。但若是有人站出來，指出我們的錯誤，我們反倒會變得固執，而且懷恨在心。我們有許多想法是不經意養成的，若有人打算幫我們清理一番，我們反而會揚起不滿的情緒。顯然，並不是說這些觀點對我們有多重要，只是我們的自尊心受到了打擊……在人際交往中，大家最常說的詞彙就是「我的……」，只有學會恰當地使用這個詞，才能變得更有智慧。「我的食物」、「我的小狗」、「我的房子」、「我的父親」、「我的祖國」、「我的上帝」對我們意義深遠。他人的指正，我們總是懷恨在心，無論是手錶不準、車子太舊，甚至不喜歡別人糾正我們對火星河床的認識、愛比克泰德（Epictetus）這個名字的發音、水楊素的藥性或者薩爾貢（Sargon）大帝的生卒年月。對於早已接受為真的事物，我們就是會一直相信，若有人質疑這些預設的觀念，必定引起我們的反感，找各種理由來辯護，就是不願意改變想法。到頭來，所謂的理性不過是用來編造理由跟說法，好讓我們繼續相信早已認定的事物。

著名心理學家卡爾·羅哲斯（Carl Rogers）在《成為一個人》（*On Becoming a Person*）一書中寫道：

我發現，「允許自己去瞭解別人」，這件事有無比的價值。我表達這句話的方式可能對大家來說有點陌生，但真的有必要允許自己去瞭解別人嗎？我想是的。聽到別人陳述某件事情時，我們第一反應就是判斷或評價，而不是理解談話內容。若有人談起他的感覺、態度和理念時，我們總是習於立即產生想法：「沒錯」、「這太愚蠢了」、「不合常態」、「不合理」、「似乎不對」、「這可不妙」……我們很少允許自己真確地去瞭解，對方陳述的內容對他的意義是什麼[12]。

有一次我請來裝潢工人為家裡裝了新窗簾，當帳單送來，高昂的費用著實讓我大吃一驚。

幾天後一位朋友來我家，看了看新窗簾，得知價格後，她帶著得意的口吻驚呼道：「什麼？這太糟糕了！你恐怕被耍了。」

真是這樣的嗎？她或許說的是實話，但是很少有人願意聽帶有「主觀價值判斷」的實話。出於人的天性，我本能地為自己辯解：「當然，人人都想省錢，價錢是首要的考量。不過若是以破盤價買到的東西，品質和設計肯定會打折扣。又過了一天，另一位朋友來我家小坐，對我的窗簾大為讚賞，滔滔不絕地說，她真希望也能為家裡裝上這麼精美的窗簾。這次，我的反應完全不一樣了。我說：「說實話，那些窗簾確實太貴了，我花太多錢，買完我就有些後悔了。」

當然，我們會對自己承認錯誤。如果有人能和善、有技巧地指出我們的錯誤，我們也會坦誠以對，甚至會為自己的誠實與心胸感到自豪。但若有人硬要我們吞下難堪的事實，我們也會難以接受。

有個著名的編輯叫賀瑞斯・格里利（Horace Greeley），在美國內戰期間他一直以最激烈的言辭抨擊林肯。他認為只有透過批評、譏諷、謾罵等手段才能讓林肯就範。日復一日、年復一年，他不斷用負面的方式挑釁，甚至林肯遇刺的那晚，他還在寫文章嘲諷、挖苦、辱罵，對林肯人身攻擊。

這些苛刻的言辭有說服林肯嗎？一點也沒有。嘲諷跟辱罵永遠也達不到效果。

假如你想提高處世技巧、善於自我管理、增強個人風格，你可以讀一讀班傑明・富蘭克林的自傳。這本書也是美國經典文學，非常值得一讀。書中講述了富蘭克林如何克服爭強好辯的惡習，最終成為美國歷史上能力最好、最文雅、最有手腕的外交專家。

當他以前是個冒失的年輕人，有次一位貴格會的老教友把他叫到一邊，嚴厲斥責他一

12 編註：卡爾・羅哲斯為人本主義心理學的創始人之一，他強調，人與人之間的正向關懷，有助自我實現以及成熟發展。

頓，字字句句都是刺耳的事實：「班，你簡直沒救了。你不放過任何一個與你意見不同的人，每次都要當面給人難看。你的觀點充滿攻擊性，根本沒人在乎。沒有你，大家其樂融融。你懂這麼多，我看沒人能教你什麼。事實上，也沒人會自討沒趣，找你討論事情並不好受，根本是個苦差事。這樣下去，你不可能再有所長進，只會自滿於已知的事情，而那些都只是皮毛而已。」

我最敬佩富蘭克林的地方，在於他馬上就接受對方如此睿智的教誨。他夠大了，也夠聰明，知道他的人際關係、生涯將毀在自己的手上。他決定洗心革面，即刻就改掉他傲慢、自以為是行事風格。富蘭克林自訂鐵律：

我會克制，不對人產生直接的厭惡之情，對自己的想法不武斷堅持，甚至在講話、寫作中也避免使用強加己見、帶有絕對性的字眼，如「當然」、「毋庸置疑」等。我改用其他字眼，包括「我猜測」、「我瞭解」或「我猜想」去描述事情的可能情況，或是改用「目前的情況在我看來……」。若對方的判斷我明顯發現有錯，我也會克制，不去追求打斷、反駁對方的快感，也不會得意地指出對方看法的荒謬之處。回應時，我會評述道，在某些條件下，對方的觀點也許是正確的，但是在當前的情況下，你的觀點與我可能有些許不同。

當我與人交談時，這種舉止上的改變，很快就產生正面的效果，談話氛圍一下子就變得十分愉悅。用謙虛的態度表達意見，對方比較容易接受，不會爭執起來。即使發現自己錯了，也不會感到丟臉沒面子；恰好說對時，也更容易說服對方放下錯誤的想法，而接受我的意見。

一開始，我得違背本性、強迫自己進行這種溝通模式。但日子一久，施行起來越來越容易，甚至變成我的習慣。在過去的五十年裡，就再也沒人聽我口中說出任何一句有武斷意味的話。我想，主要由於我的個性正直，再加上這個新培養的習慣，讓我更有份量，而得到廣大民眾的支持，以成立新機構或是改良舊組織。成為議會的一份子時，這些習慣也讓我變得有影響力，因為我並不善於言辭，辯論技巧也不高超，老是猶豫要用那些詞語，還很常說錯話。但總體來說，我還是能達成我的訴求。

那麼，要如何把富蘭克林的方法用在商務領域？讓我們一起來看看下面的事例。卡羅萊納州國王山有一家紡織廠，工程總監凱薩琳·歐瑞在班上講述了學習這個技巧前後，她怎麼處理敏感的問題：

我的職責之一，就是制定並管理員工的獎勵制度與標準，以促進產量，為公司創造營收。當只生產兩三種紗線時，這個獎勵制度還能勉強應付。但是工廠很快就擴大了生產規模，要同時生產十二種紗線。產量提升了許多，過去的制度和標準就不適用，無法公平地按照員工的工作成果予以獎勵，也就無法鼓勵他們提升產能。於是我開始設計新的獎勵制度和標準，依照員工所負責生產的紗線類別，在特定時間考核給予獎勵。我帶了這套新方案進入了會議室，下定決心要向主管們證明，這套新制度絕對管用。我詳細地挑出舊制度的種種問題，指出它有多不公平，而我是如何一一解決當中的弊端。結果呢？我徹底搞砸了。我忙著為自己的立場與新方案辯護，以致他們有防衛心，無法大方承認舊制度的問題。最終我的方案也胎死腹中。

參加人際課程培訓後，我立刻意識到自身的錯誤。於是，我建議再開一次會，請大家指正我的新方案。大家就方案的每一個要點展開討論，並給出解決方案。在適當的時機，我引導大家去按照我的思路去推敲，得出了和此前相同的方案，還得到眾人一致的熱情贊同。

現在我才明白，直截了當指出別人的錯誤，不會有好的效果，還會引發各種惡果，不僅傷害別人的尊嚴，還讓你處於眾怒所指的境地。

再舉個很典型的例子，代表絕大多數人的問題。R・V・克羅利是紐約一家木材廠的

推銷員。他說，自己經常會挑戰那些不苟言笑的木材檢查員，說他們的驗收評分錯了。克羅利經常取得勝利，但這並不能帶來任何好處。「木材檢查員和棒球裁判一樣，一旦做出判決，就不會更改結果。」克羅利逐漸發現，自己雖然吵贏了，但是公司卻因此損失成千上萬的收益。參加課程培訓後，他決定改變策略，徹底放棄爭論。結果如何呢？他在班上講述到：

一個早晨，我辦公室的電話鈴聲響起。一位顧客怒氣衝衝地說，他們剛接到一批貨，檢查員發現，貨物卸下四分之一後，有百分之五十都不合格。他現在停止收貨，並要求立即退回這批貨，他們完全有理由拒收。

我不得不立即動身去一趟。在路上，我一直在想著各種對策。按平日的習慣，我會引用木材等級標準，加上我以前也是木材檢查員，以實際經驗來說服檢查員，證明木材完全合格，只是他們參照了錯誤的標準。不過，我還是想試試新學的人際技巧。

到了工廠，我看見他們的採購經理和檢查員都一臉不悅，並摩拳擦掌地準備和我爭辯。我走到卡車邊，要求繼續卸貨，好看看具體情況，並請檢查員分揀合格與不合格的木材各放一邊。

不一會兒，我就發現他們的檢查太苛刻了，而且對規則和標準有誤解。我知道檢查員懂很多硬木方面的知識，但是對白松木的檢驗經驗不足。檢查白松還真是我的拿手專業。我提出反對意見、質疑對方的揀選方式嗎？沒有。我只是繼續觀看，耐心詢問不合格的理由，絲毫沒有暗示他們有任何錯誤。我只是鄭重其事地說，之所以問這些問題，是希望以後會按他們的標準供貨。

提出問題時，我態度和善，展現合作精神，並不斷強調，挑出不滿意的木材，絕對是公正合理的。我緩和氣氛後，彼此間的緊張關係一下就解凍了。但同時，我時不時提到重點，讓他想起，這次採購的木材其實有符合一般標準，但他們要求的品質，其實適用於更昂貴的木材。我很小心地講解，避免他們以為我借題發揮要吵架。

漸漸地，他們的態度改變了，最後終於自覺承認，是他們缺少白松木的檢驗經驗。在卸下每根木材時，他們便會詢問我的意見，我詳細解釋為何它們有符合標準；即使這樣，我還是堅持，如果不符合他們的要求，就不勉強收貨。漸漸地，他們出現了罪惡感，覺得有些木材的確不該放到不合格區。他們也終於意識自己的錯誤；對於想要的那種高級木材，其實他們也只是一知半解。

我離開後，他們又重新檢查了一遍這次採購的木材，並全部驗收完成。我也收到了一張全額支票。

從這件事情上來看，稍微運用談話技巧，極力自我克制，避免指責別人，不僅保住公司大筆的進帳，而且在金錢之外的收穫，就是讓雙方留下美好的印象。

有人問馬丁．路德．金恩（Martin Luther King），為什麼作為一個和平主義者，他會大加讚賞當時軍階最高的黑人軍官、空軍將領丹尼爾．詹姆斯（Daniel James）[13]？他回答說：「我判斷一個人，不是根據我的原則，而是根據大家的原則。」

同樣，羅伯特．李將軍曾經向南方聯盟的總統傑佛遜．戴維斯（Jefferson Davis）極力讚揚他手下的一位軍官。在場的另一位軍官非常吃驚，說：「你高度讚揚的這個人是你的死對頭，對你可不會心慈手軟。」李將軍回答：「沒錯，但總統問的是我對他的看法，不是他對我的看法。」

澄清一下，我在這裡講的，並非什麼新觀點。兩千年前，耶穌曾說過：「你要趁著與你的對頭還在路上的時候，趕快與他和解。」（《馬太福音》，五：二五）

在基督誕生前的兩千兩百年前，埃及法老王如此給兒子忠告：「處事圓融有手腕，才能達成想要的目的。」這個道理更是符合現代人所需。

總之，我們應該避免和顧客、仇敵或是伴侶發生爭執。不要指責他們，不去刺激他們

13　編註：金恩是美國著名的民權運動領袖；詹姆斯則是美國第一位獲得四星上將軍階的黑人。

的情緒，運用一些溝通技巧，就能相安無事。而且要尊重對方的意見，絕不當面指責對方。

三　認錯的勇氣與智慧

離我家步行不到一分鐘，有一片茂密的森林。春天各種野花爭相開放，松鼠在林中築巢哺育後代，小草長到馬頭一般高。這個森林公園一直保持著原始狀態，可能和哥倫布發現美洲時的情形差不多。

我經常牽著我的波士頓鬥牛犬雷克斯在森林散步，這是一隻友善的小狗，從不咬人。森林公園很少有人出沒，散步時我也很少給牠繫上鏈子或戴上口罩。

一天，我在公園裡遇見一位騎警。似乎為了顯示權威，他責問我：「怎麼不給狗繫上鏈子，口罩也不戴？讓牠在這裡亂跑，你想幹什麼？難道不知道這是違法的嗎？」

「是的，先生，我知道。」我輕柔地說，「我想牠不至於咬傷人吧。」

「不至於？管你怎麼想，法律就是法律，你的狗說不定會咬了松鼠或小孩。這次就先饒了你，下次再被我發現，你可就要到法庭上去解釋了。」

我小心地回答：「下次不會再犯了。」我的確做到了，好幾次都規規矩矩的。可是雷克斯並不喜歡口罩，我也不喜歡，於是我打算碰一下運氣。

剛開始一切都順利，不久就又遇上了麻煩。一天下午我和雷克斯翻過一個小山頭。這時非常不幸，我看見上次那位代表法律化身的騎警正騎在一匹棕紅色的馬上，而雷克斯直接向著他跑去。

事情壞了。沒等騎警開口，我就搶先說：「警官先生，這次被你逮個正著，我違法了。我也不找藉口，上星期你已經警告我一次，又出現了這種情況，就處罰我吧。」

然而騎警這次卻溫和地說：「是的，我也知道，在沒人的時候，誰都想讓狗在這裡放縱一下。」

我說：「是啊，這裡的環境的確太誘惑人了，但無論如何我都是違法了。」

「像這樣的一條小狗，應該傷不了人的。」騎警竟然為我說話。

「或許松鼠會被咬傷。」我又說。

騎警說：「哦？你想得太多了，讓我告訴你該怎麼辦，你只要讓你的狗跑過那個山頭，我看不見就沒事了。」

騎警是普通人，也渴望受重視的感覺。我承認錯誤，而他唯一能展現的自尊的方法，就是表現寬大、不計較的態度。

假如我一開始就頂撞回去，結果會是怎樣？幸好我承認他一定是對的，承認了自己的錯誤，並且態度爽快、坦誠。我站在他的立場說話，於是他也站在我的立場說話，一個小危機就這樣化解了。僅僅一週前，這位騎警還用法律警告過我，即使查斯特菲爾德勳爵也沒有他這樣仁慈大度。

如果受指責是不可避免的，不妨搶先一步，主動承認錯誤。自我批評要比受外人指責好接受很多，不是嗎？

若你猜想到，對方會認為你做錯事，打算要責備一番，那不如你搶先說出來。十有八九，別人會改變主意，用比較寬大的胸懷去原諒你。就像那位騎警一樣大事化小，放過我和雷克斯。

有一位商業藝術家叫斐迪南・華倫，他就用這個辦法，平息了一位客戶的怒火。對方一開始粗暴、出言不遜，但最後卻對華倫非常友善。華倫說：

為廣告或出版品作畫，重要原則就是儘量做到簡潔、明快、緊扣主題。

然而美術編輯卻要求畫家在極短的時間內就交出作品。即使勉強做到，一些小錯誤也是常有的。我那位美術總監，要求尤為苛刻。每次從他的辦公室出來，我都感覺非常不舒服。不單單是因為我的作品受到了批評，更是因為他那咄咄逼人的說話方式和態度讓我無法忍受。這幾天，我又交給他一份作品，也是那種十萬火急的任務。隨後我就接到他的電話，要求去辦公室一趟。我立刻意識到一定是什麼地方又出了問題。

不出所料，這次惹上了大麻煩。我看他氣鼓鼓的樣子，不斷對我發難，似乎馬上就要劈頭蓋臉地教訓我一頓。我想到，在班上學到「自我批評」原則，正好派上用場。於是，我誠懇地對他說：「先生，你所說的都千真萬確，我完全承認錯誤，也不找任何藉口。我為你繪畫很多年了，本應有所長進，畫得更好。我的確錯了，十分羞愧。」

話音一落，總監出人意料地開始轉變態度，反而為我辯護：「對啊！你說的沒錯。不過，今天這個也算不上是大錯，但是……」

不等他說出下半句，我插話說：「不管是大錯小錯，都會造成公司的損失。這樣的作品，我看了也很生氣。」

他要說話，我卻沒有給他機會。我感到非常暢快，這是我人生第一次認錯，這種感覺還不賴。

我繼續說：「我今後一定不能這樣了。你給過我很多機會，我應該更加努力，今天的作品我要再畫一遍。」

他說：「不，不，不！我不是非要麻煩你。」他接著稱讚了我的作品，對我說，他只不過需要一些小修改，而且這細微的誤差也並沒有給公司造成任何損失，沒有什麼大不了的。

我誠懇地認錯，不僅讓老闆怒氣全消，他竟然還請我吃飯，我離開前他結清了我的帳單，還發給我另一份案子。

勇敢承認錯誤，能帶來一些心裡的滿足感。不去辯解，不僅能卸下防衛、消滅罪惡感，而且有利於問題的解決。

新墨西哥州的布魯斯・哈威在給一名請過病假的員工發薪水時，錯誤地給了全額工資。發現後他立刻告知這名員工，解釋說要在下次發工資時從中扣除誤發的金額。而這名員工說，他的經濟會因此造成困難，要求分期扣除。然而，這樣必須事先得到上司的允許，哈威說：

我明白這樣做，一定會惹老闆發怒。該怎麼辦？我意識到一切都是因我的錯誤而引起，必須要向上司承認錯誤。

我進了上司的辦公室，一五一十地把錯誤告訴他。他很氣憤，但是他說這是人事部門的錯誤，而我堅持是我的錯誤；他又說這是財務部粗心大意，我還是堅持是我的錯誤；他又指責說是辦公室某職員的錯誤，我始終堅持是我的錯誤。最後，上司看看我，無可奈何地說：「好吧，既然你說是你的錯，那麼就去改正吧。」最後，這件事得到了解決，沒有給任何人帶來不便。能夠解決緊張狀況，也有勇氣不再尋找藉口，我因此變得更自信，上司也更加器重我。

傻瓜也懂得自我辯護，越是傻瓜，自我辯護越激烈。而勇於認錯的人，就會顯得出眾，並給人高貴以及正面開朗的印象。

美國歷史上有一個非常有名的例子。南方聯盟的喬治．皮克特（George Pickett）將軍進攻蓋茨堡，結果慘敗，消息傳來後，羅伯特．李將軍將所有錯誤都歸咎到自己身上並懊悔不已。在西方戰爭史上，那場戰役絕對稱得上壯烈恢宏。皮克特長髮披肩，宛如古典時代的人物，每天在戰鬥間隙寫下熱烈的情書，就像拿破崙在義大利的戰役中一樣。可在七月的一個下午，他遭遇了慘敗。他斜戴軍帽，騎馬衝向北方陣營，那一刻軍心大振，軍士們歡呼著，前仆後繼，各個部隊跟上，隨他一路殺向敵軍。戰旗飄揚、刺刀在陽光下閃耀，士兵英勇無畏，真是雄壯無比的畫面。皮克特率領軍隊飛快地穿過果園和玉米田，跨過草地和峽谷。北方軍隊的炮火無情地炸開南軍部隊，但後者並依然頑強挺進。突然，北方軍的步兵從公墓嶺（Cemetery Ridge）上的石牆後現身，他們藏身已久，先前已用陣陣的炮火削弱南方軍的攻勢。山谷間頓時化為一片火海，宛如人間煉獄。幾分鐘後，皮克特旗下的將領都陣亡了，五千人的軍隊只有一千人倖存。

路易斯．亞米斯德（Lewis Armistead）將軍率領殘部繼續衝殺，他把軍帽挑在刺刀上，揮舞著大聲呼喊：「弟兄們，讓他們嚐嚐鋼鐵刀鋒的滋味。」士兵們奮不顧身地衝上前去，越過石牆，用刺刀和槍托與敵軍近身廝殺，終於把南方軍的旗幟插在公墓嶺山頂上。旗幟飄揚起來，雖然很短暫，但是它記錄了南方盟軍的輝煌戰功。

皮克特的英勇可歌可泣，但無奈這次戰役也標誌著內戰進入尾聲。李將軍的戰略失敗了，其實他心知肚明，南軍無法突破北方防線。李將軍聽到戰情回報後，無比震驚。他懷著悲憤萬分的心情，向南方邦聯政府總統戴維斯自行請辭，請求他重新任命一位年輕有為之人。其實，李將軍完全可以將慘敗的原因歸咎到其他人身上，他可以給出十幾個藉口，比如指揮官怠忽職守，救援馬隊到得太晚，貽誤步兵戰機等等，有太多事情可以拿來當藉口了。

但是高尚的李將軍沒有責怪任何人。皮克特的殘部從前線回來，李將軍隻身迎接，並當眾自責，完全不給自己臺階下：「這一切都是我的過失，這場戰爭失敗的責任全在我一人身上。」

歷史上，很少有敢於承認錯誤的將軍。艾伯特．哈伯德是極富創造性的作家，在美國家喻戶曉。他的文字太尖刻、太犀利，以至於讓人反感，但他善於交際，常常化敵為友。

有位憤怒的讀者寫信給他，不僅反對他的文章，而且在信末把他痛罵了一通。哈伯德卻這樣回應：

仔細一想，我也發覺我的觀點的確有失偏頗。昨天寫的，今天可能就覺得不妥。很高興你能提出意見。假如下次到附近來，我非常歡迎你能上門小敘。我們可以互相切磋，交流意見。獻上我在遠方的敬意。

面對如此寬厚的人，你還能要求什麼？如果你是對的，請用友善有技巧的方式贏得別人的贊同；如果你確實錯了，就熱切、及時地承認錯誤。捫心自問，犯錯才是我們的日常吧！這個方法不只能產生驚人的效果，而且有時它帶來的樂趣遠遠勝過辯解。相信的話，你可以下次試一試。

記住這句話：「爭強好勝永遠也滿足不了你，退一步反而會有意料之外的收穫。」也就是說，我們要及時、熱切地承認錯誤。

四 一滴蜂蜜的效用

生氣時衝著別人發火一頓，發洩完後，或許你會稍感舒坦，可你想過對方的感受嗎？他會跟著你一起放鬆自在嗎？充滿火藥味的語言、暴躁的態度能讓人更容易認可你嗎？

威爾遜總統曾經說：「握緊你的拳頭，放馬過來，我保證我的拳頭更硬；假如你走到我身邊，心平氣和地說：『我們坐下一起討論看看，假設我們有歧見，那原因出在哪？目前的問題焦點在哪？』很快我們就會發現，彼此歧見不多，交集反而很多，並非水火不容。只要我們有足夠的耐心、誠意和意願，就能攜手合作。」

最信奉這些話的人，莫過於約翰．洛克菲勒。

一九一五年，洛克菲勒為「科羅拉多燃料與鋼鐵公司」的老闆，受到當地人最強烈的鄙視，他們還發起了美國工業史上最慘烈的罷工，撼動整個國家長達兩年之久。工人們採取暴力手段要求加薪，廠房設施被毀壞，軍隊奉命來鎮壓。最後血流成河，很多罷工者被槍殺，身上佈滿彈痕。

在充滿仇恨的大環境下，洛克菲勒要平息罷工、讓工人認同他的想法，該怎麼做？首先，他花了數週時間與工人積極交涉，然後在工人代表面前進行了一次極有影響力的演說。這次演說太成功了，效果令人叫絕。洛克菲勒不僅化解了狂暴的仇恨浪潮，避免自己差點被捲入漩渦，還贏得了一大批崇拜者。他以充滿友愛和善意的演說，實事求是地和大家溝通，最終工人回到崗位，停止了原先的暴力抗爭，不再要求加薪。

這篇演講散發了友愛的精神。臺下聽講的工人，幾天前還想將他吊死在蘋果樹上，可現在，卻像是一群醫療傳教士，而洛克菲勒也從未如此友善而和藹。他演講中的每句話都散發出溫情：

我很榮幸來到這裡，能參觀你們的家，看望你們的妻兒老小。我們能相聚在一起就是朋友，不是陌生人。我們有共同的利益以及相互尊重的友情，你們的仁慈讓我有幸站在這裡。這是我一生中最榮幸、最值得紀念的日子。與這家偉大公司的工人代表、職員和主管們共聚一堂，是我的榮幸，我會終生難忘。兩週之前，我或許對大家還不瞭解，你們或許認為我是個陌生人，我也只能認識少數幾個面孔。上一週，我有幸參觀了南部的礦區，拜訪了所有工人的家。除了不在家的代表，我差不多把能見的人都走訪了一遍。我見過你們的家人，這次見面我們不再是陌生人，而是朋友。我很珍惜這份友情，讓我們在這份互相尊重友情下探討我們的共同利益。

這次會議由員工和代表組成，有大家的厚愛，我才有機會演講。我沒有那麼幸運成為你們當中的一員，但我對你們有強烈的親切感。尤其是，從某種程度上講，我也代表了股東和董事會的聲音。

這的確是一個化敵為友的好例子。假如採取別的方式，比如洛克菲勒和工人們據理力爭，用強硬的態度要工人交代毀壞廠房的事情；或者他含沙射影地警告工人的錯誤行為；或者用邏輯證明工人的錯誤，結果會怎樣？工人一定會強烈不滿，引發更多仇恨和對抗。

如果有人對你不滿並懷有惡意，那麼你絕對無法用我們這個基督教國家的邏輯，讓他們贊同你的想法。你應該明白，責怪父母、上司、丈夫或喋喋不休的妻子，絕對不會改變他們的初衷，強制的手段更不會讓他們認同。但換一種溫和、友善的態度，你就能引導他們與你的意見趨同。

一百年前，林肯說過類似的話：「一句古話這麼說：『一滴蜂蜜比一滴膽汁更能吸引蒼蠅』。人也一樣。如果想讓別人認同你，首先得說服對方，你是他的真心朋友。無論你怎麼想，友情就像一滴蜂蜜，能贏得人心，還能啟動他的理性思考。」

越來越多商人逐漸明白，以友善的態度處理罷工，成效是非常可觀的。一次，二千五百多名懷特汽車廠的工人要求增加工資，舉行了大規模的罷工。公司經理羅伯特·布萊克當時並沒有生氣，也沒有責備、恐嚇，暗示對方是暴力分子跟共產主義者。相反地，他真誠地贊成罷工活動。他在克里夫蘭的報紙上登出告示，欣賞他們「採取和平手段罷工」。當罷工工人糾察隊百無聊賴時，他還為他們買了球棒和手套，好讓他們消遣；對喜歡保齡球的人，則為他們租了保齡球場地。

表達善意總是能產生正面的效用，布萊克的友善喚醒了罷工者的友善。於是，罷工者紛紛借來掃帚、鏟子、垃圾車，自主打掃廠房周圍的菸頭、碎紙等雜物。試想一下，工人起初罷工要求加薪、承認工會的權威，而現在竟然在打掃廠房，事件在短短一週之內就達成和解，沒有留下任何敵意和仇恨。這在美國罷工史上前所未有。

丹尼爾・韋伯斯特看起來威嚴，講起話來則像口才伶俐的傳教士，他是成就卓越的律師，客戶源源不絕上門。在法庭發表強而有力的觀點時，他的口吻卻是溫和、友善。他會說：「請陪審團考慮這一點」、「這方面也許值得大家思量」，「以下這些事實，我相信諸位絕對不會忽略」，「出於您對人性的瞭解，一定可以輕易看出這些事實的重要性」。他從未用恫嚇的口氣，更不會用高壓手段，不強迫別人接受他的觀點。他始終言辭柔和，保持一貫溫文爾雅的態度，這也是他聲名鵲起的原因。

你或許不會有機會去調解罷工，或面對陪審團發言，但或許會遇到房租問題，比如希望房東減租。友善、溫和的態度會有作用嗎？看下面的例子。

O・L・斯特勞布是一名工程師，他的房東個性一板一眼，但他很希望房租能少一些。他在課前的演講中分享了這段經歷：

> 我寫了一封信給房東，說在租期滿後準備搬走。事實上，我並不想搬。如果房租能降下來，我會繼續住。但希望渺茫，其他租戶試過都不行，大家都說房東很難對付。但我想，不妨試試我所學的人際知識，用來說服房東，看到底行不行。
>
> 收到信，房東就和秘書一起來找我。我遠遠地在門口歡迎他們，滿臉都是友善和熱情。我沒說房租太貴，而一開口就稱讚他的房子。我說非常喜歡他們的房子，真正

做到「嘉贊以誠、不吝褒揚」。我還不忘稱讚他的管理。我表示很願意再續住一年，只是現在負擔不起。

顯然，作為房東，他似乎從來沒有從房客那裡聽到讚美之詞，他甚至都有些不知所措。

他向我訴苦，說有些房客多麼不友好：有個房客曾經寫十四封信給他，充滿侮辱又不堪入目的話；有的房客威脅說，假如不能讓樓上的人停止打鼾，就要撕毀租約。他慨嘆說：「至少有你這位心滿意足的房客，令我感到安慰。」然後，沒等我提出要求，他就主動給我減了一部分房租。但和我的預期有些差距，於是我說出理想的房租數目。房東二話沒說，就爽快地答應了。

臨走時房東還轉身問我：「還有什麼裝修方面的要求嗎？」

設想一下，若我按照其他房客的做法去爭取減房租，下場肯定跟他們一樣灰頭土臉。好在我用了友善、溫和、同情、讚賞的方式，最終贏得滿意的結果。

迪恩·伍德科克是賓州一家電力公司的部門主管，他手下的兩名員工被安排去修一根電線桿上的器材。這項工作之前由其他部門負責，最近才移交給他們。雖然這兩名工人受過培訓，但實際操作這是第一次，公司所有人都想知道兩人是否能處理問題。那天，伍德科克與下屬的幾位組長，及其他部門的員工都來現場參觀操作。周圍停了很多汽車與卡車，一大群人在圍觀，看這兩位工人在電線桿上工作。

伍德科克環顧四周，見有人拿著相機走出汽車，拍攝當時的畫面。電力公司的員工對公共關係都非常敏感。伍德科克立刻意識到，從攝影者的角度來看，現在這個場景太勞師動眾了，兩人的工作居然有幾十名員工監看。

於是他穿過馬路，走到那位拿相機的人跟前，問：「你對我們的作業很感興趣吧？」

「沒錯，我母親對你們更感興趣，她買了你們公司的股票。看了這些照片，她就會更加認清你們，知道自己做了不智的投資。這些年我不斷告訴他，你們這種公司老是做一些多餘沒有效益的事。我的看法果然沒錯，報社也應該會對我的相片感興趣。」

「看來你沒說錯，不是嗎？假如我站在你的立場上，也會這樣質疑，但現在是特殊情況。」伍德科克詳細地解釋，說這兩個人是第一次實際操作，全公司的人都想瞭解狀況。他還保證，這兩個人肯定能圓滿完成任務，而且不會再投入更多人力。那個人聽完，收起了相機，和伍德科克握了握手，感謝他花時間講明事情的原委。

伍德科克友好的態度，讓公司免於公眾前出糗，留下壞名聲。班上另一位學員吉拉德．溫，來自新罕布夏的利特頓，他講述了自己如何運用友善的方式，圓滿解決了一起毀壞賠償案。

春季剛到，大地還未解凍，一場意外的大雨下了起來。雨水沒有沿著路面排水溝和路邊的溝渠正常流走，而是流向我剛建好的房子。雨水排不出去，我房子的地基周圍開始積水，一直滲透到地下室的水泥地面上，並使地面出現裂縫。地下室也進了水，造成鍋爐和熱水器損壞，全部修好它們至少要花兩千美元，而我買的保險並不包含這些。

沒多久我就發現，是承包商的設計出現漏洞，忘記修建排水系統。如果有排水溝，這些問題都可以避免。於是我約見了承包商。在去他家的路上，我仔細地思考著這個問題，並回想所學的人際法則。我知道光發脾氣不能解決任何問題。到達之後，首先我保持冷靜，用輕鬆的口吻和對方聊天，我們聊到去西印度群島度假等事情。談話氣圍很好，等恰當時機一到，我才提到房屋被雨水淹了的「小」事。不出所料，承包商一下子就爽快地答應了會解決問題。

過了幾天，承包商親自打電話給我，說願意支付損壞設備的費用，並要建一條排水系統，保證不再發生類似的事件。

雖然錯在承包商，但要是我採用不友好的態度，就難以讓他承認自己應負起全部責任。

很多年前，我還是個小孩時，經常光著腳，步行穿過密蘇里州西北的樹林，到當地一所鄉村小學上課。在那裡，我讀過一個關於太陽和北風的寓言故事：

太陽和北風在爭論誰的力量大。北風說：「我的力量大，看那位穿大衣的老人。我打賭，我能比你更快地讓他脫掉大衣。」

於是太陽躲進了雲朵。北風使勁地刮，幾乎成了颶風。但是風吹得越強，老人把大衣裹得越緊。

北風最後不得不放棄，平息下來。這時，太陽從雲朵後面鑽出來，對老人友善地「微笑」，陽光普照，不一會兒，老人就熱得滿頭大汗，趕緊脫下大衣。太陽告訴風：「友善、溫柔遠遠比憤怒、暴力更強大。」

「一滴蜂蜜比一滴膽汁更能吸引蒼蠅」。我們每天都能親身感受到友善的力量，周圍的事例比比皆是。來自馬里蘭州魯德維爾的蓋爾·康納先生講了一個生動的故事：

他剛買汽車不到四個月，但無奈的是，他已經把汽車送到售後維修部門那裡三次了。他說：「很明顯，不管你怎樣跟部門經理說明、爭辯，甚至指責，都不能得到一個滿意答覆。

於是，我來到汽車展銷大廳，請求見他們老闆——懷特先生。片刻後，我就被領進去見了懷特先生。自我介紹後，我說買他們的汽車是因為一個朋友的推薦。朋友誇讚之前買的車品質沒問題、價格合理、售後服務也不錯。懷特先生聽後，滿意地笑了。然後，我接著向他說明我跟維修部門的問題，並強調：「你一定對貴公司的信譽非常在意吧，若有情況一定會想瞭解。」懷特先生聽後，首先很感謝我告訴他這件事情，並且保證一定要親自幫我處理好。其次，在維修汽車期間，他還主動把他的車借給我暫時使用。

耶穌基督誕生六百年前，克羅伊斯王的奴隸伊索講過許多有名的寓言故事。不管是在二十六個世紀前的雅典，還是現在的波士頓、伯明罕，伊索對於人性的觀察依然真實不虛。比起北風，太陽能讓人更快地脫掉大衣，友善、親切和讚美永遠比咆哮和怒罵更能說服人改變心意。

記住林肯的一句話：「一滴蜂蜜比一滴膽汁更能吸引蒼蠅。」面對任何問題，都先採取友善的態度。

五　讓人說「yes」的蘇格拉底式說服術

與人談話，不要開口就談你的反對意見，應該自始至終，不斷地強調你跟對方的交集。在適當情況下，強調彼此目標一致，只有達成方法上有差異。

設法讓對方從一開始就回答「是，沒錯」；若是反對方，則儘量避免讓他說「不」。根據哈利．奧佛斯特里特教授的觀點，一旦說出「不」，就會造成難以克服的溝通障礙。一旦說出「不」，自尊心就會固執地要你始終如一。或許事情平息後，你才覺得「不」是不恰當的，而當時維護尊嚴大於一切，一言既出，駟馬難追。因此，一開始得到肯定態度就尤為重要。

善於談話的高手，通常一開始就能獲得對方許多正面的回應。這個技巧用來引導聽者的心理，讓他朝正面的方向思考。像打撞球，一旦擊球後，方向就很難逆轉，想回到原來位置就要付出更大力氣。

人的心理模式也一樣，如果口頭和內心都說了「不」，裡裡外外都反對了，五臟六腑、腺體、神經、肌肉就會聯合起來，進入對抗模式。通常肉體還會出現緊繃、處在離弦之箭般的緊張狀態。相反地，一旦說「是」，就不會出現退縮的反應，身體就會開放，朝向積極、寬容和接納一切的狀態。顯然，談話一開始就應把對方引向「是」，這樣對方就更容易接受我們的最終提案。

只要引出「是」的反應，方法很簡單，卻常常被人忽略。一般來說，一開始就否定別人，似乎能讓自己有種高高在上的感覺。

如果你的學生、顧客、孩子、丈夫或妻子一開始就說「不」，那麼你將要付出超乎尋常的耐心和心智，才能讓談話變得順利。

紐約格林威治銀行的一名出納員，名叫詹姆斯·艾柏森，他曾經用「是、是」的技巧挽回了一位即將失去的顧客。艾柏森先生說：

有位顧客要來開戶，我帶他去填一些常規的申請表格，上面有些問題他願意回答，有些則顯得不情願。

在學習人際知識前，我肯定會告訴他，如果不配合提供這些資訊的話，銀行會拒絕開戶。當然，現在我對之前的做法感到汗顏。但坦白說，下達最後通牒的感覺非常爽快，可以展現誰是老大，畢竟銀行有銀行的規定，不得違逆。顯然，這種態度會讓人感覺到不受歡迎、不被尊重，但他可是上門光臨的顧客啊！

那天，我決定用一點做人處事的道理解決問題。我先不談銀行的各種規定，而是先談顧客的需求。最重要的是，我一開始就引導顧客不斷說「是」。當他不願意填一些問題的時候，我沒有反對，而是告訴他那些其實並非必填不可。

接著，我又說：「你把錢存在銀行，到你過世時，你一定會希望根據法律，親屬有權繼承這筆錢吧？」

他立刻回答：「是啊，我當然希望。」

我又問：「不過為了以防萬一，除非你先把親屬的資訊告訴我們，這樣才能及時聯繫到他們，你說有道理吧？」

他又趕快說：「是！」

當他真正明白，我們要那些資料的真正目的其實都是為了他好，他的態度就發生了改變。離開銀行時，這位顧客不僅完整提供我們所需要的資訊，另外他還根據我們的建議辦理了一個信託帳戶。他指定他的母親為受益人，而且非常配合地回答關於他母親的各種提問。

我發現，只要讓顧客一直說「是」，那麼爭議就幾乎不存在，顧客通常會很樂意配合工作的。

來自西屋電氣的銷售代表約瑟夫·艾利森曾經講過一個故事：

我很想在自己負責經銷的地區，把產品推銷給一個人。之前我的同事曾連續拜訪這個人十幾年，卻沒有任何收穫。接手後，我也連續拜訪了他三年，同樣無功而返。最後，經過十三年的不懈努力，他終於買了幾臺我們的發動機。假如這幾臺機器不出問題，我相信他很有可能會答應購買幾百臺，這也是我一直努力的方向。

按通常情況，我知道這些機器不會有任何問題，於是我在第三週拜訪了他。令我吃驚的是，這位主任工程師竟然直截了當地說：「艾利森，我們不會再買你們任何發動機。」

我太驚訝了，問：「為什麼啊？怎麼回事？」

「你們的發動機發熱嚴重，簡直燙手。」

我心裡清楚爭辯是無用的，之前我試過很多次。所以我想到要導引他回答「是」。

我說：「哦，史密斯先生，我完全贊同你。如果那些發動機太熱了肯定不能買。我想，既然國家電器製造協會有制定溫度標準，你肯定不會買超標的發動機，對吧？」

他點頭稱是。我得到第一個「是」。

「按照電氣協會規定，發動機的溫度最高不能超出內室溫度華氏七十二度。」

他表示認同，說：「是，但是你家的發動機可要熱得多啊。」

我沒有爭辯，而是繼續問：「這裡廠房的溫度是多少？」

他想了想，說：「哦，大概華氏七十五度。」

我立刻接著說：「好，假設廠房溫度是攝氏七十五度，再加上七十二度，總計一百四十七度。你可以想像，把手放在華氏一百四十七度的水龍頭下，肯定會很燙的。」

「是的。」他說。

我建議：「為了安全起見，手一定要遠離我們的發動機，這個建議沒錯吧？」

「沒錯，你說的有理。」他承認。後來我們又談了一會兒，最後他叫來秘書，給我下了一筆三萬五千美金的採購大單。

很多年來，我損失了不少金錢、時間和精力，直到現在才明白，爭論沒有任何益處。只有站在別人的立場分析問題，引導別人多說「是」，才能收穫滿載，讓工作更加愉悅。

我們加州奧克蘭課程的贊助人艾迪．斯諾講述他如何成為一家商店的老顧客。原因也相當簡單，就是這家店的老闆引導他不斷說「是」。

艾迪是一位弓箭愛好者，喜歡狩獵，常常在一家商店購買相關器材設備。一次他弟弟來看望他，他想去商店為弟弟租一套弓箭。但是店員說只賣不租，艾迪只好給另一家商店打電話詢問。他描述道：

接電話的是一位說話溫和的男士，他與其他商店的回答方式完全不同。他首先表示很遺憾，出租裝備損耗過高，不能提供租賃服務。接著他問我是否之前租借過，我回答：「是的，幾年前了。」他幫我回憶說，當時租金大概是二十五至三十美金的樣子。我又說「是的」。他又問我想不想省錢。我毫不猶豫地說：「當然了。」他接著推薦了一種弓箭，包含小包裝的配套設備，現在售價三十四美元九十五美分！我只要比之前的租金多付四美元九十五美分，即可獲得一整套弓箭。他進一步解釋，這也是他們為什麼不再租賃的原因，並且讓我掂量一下孰重孰輕。我不假思索地買下了一把弓箭，還順道買了其他東西。之後，我成為那家商店的常客。

世界上最偉大的哲學家，被稱為「雅典牛虻」的蘇格拉底，無人不知、無人不曉，是因為他能做到大多數人都做不到的事情：徹底改變了人類的思想進程；在他離開世界二十四個世紀後的今天，依舊被公認為最有智慧、最有說服力的思想家，持續影響這個吵吵鬧鬧的世界。

他有何妙招？他是否對別人的錯誤指指點點？不，絕不會。他早就厭倦批評別人。他自有一套方法，現在被稱為「蘇格拉底方法」，就是讓聽話人的直接反應為「是、是、是」。他提出的問題，反對者都會同意，並持續不斷地肯定。一個又一個「是」，在接連不斷的發問下，神不知鬼不覺之中，反對者突然發現：前一刻自己還強烈反對的論點，現在就已經表示贊同了。

下次說服別人時，不要忘記蘇格拉底的這套方法，要讓對方不斷回答「是、是」。中國有五千年歷史，在體察人情方面累積了無數寶貴而深厚的經驗，他們有句極富智慧的諺語：「輕履者行遠」，也是這個道理。

六　給他人說話的機會

大部分人都想讓對方贊同自己的想法，滔滔不絕地談自己的問題。所以，我們就讓對方暢所欲言吧！因為每個人對自己的事情和難題，一定比你知道的多。因此讓對方講述，你只要提問就夠了。

「一聽到不同意見，就馬上打斷別人的談話」，這麼做百害無一益。對方有許多的想法急於宣洩，是不會把注意力放在你身上的。此時，你只要敞開心胸，耐心、真誠地聆聽，鼓勵他暢所欲言。

這些技巧在商業上有用嗎？讓我們來看看下面這個例子。美國最大的一家汽車製造商準備採購一整年的汽車內裝用料。三家材料供應商備好了樣品，統一送至該製造商的檢驗室。檢驗過後，三家得到通知，請他們派各自的代表前來，以爭取最後簽約的機會。

R先生是當中一家廠商的代表，當他抵達汽車公司時，嗓子正嚴重發炎，他在課堂上回憶道：

輪到我進入會議室，和管理者面談時，我嗓子啞得說不出一個字。我被引領到一間會議室，與汽車公司的紡織工程師、採購經理、銷售部經理以及總經理見面。我站起來，努力說話，但是只能發出嘶啞的聲音。

大家都圍坐在一起，我在紙上寫下這樣一句話：「抱歉各位！我的嗓子啞了，不能說話。」

這時，總經理站起來說：「既然這樣，就讓我替你說吧。」他還真的說到做到。他展示我們的樣品，並稱讚它們的優點，在座的人圍繞產品展開激烈的討論。那位總經理因為是代表我發言，所以他自始至終都站在我這邊。整個辯論過程中，我只是不中斷點頭微笑，或者做一些手勢。

不可思議的是，會議過後，我竟然鬼使神差地獲得了訂單合約！對方向我們採購了五十萬碼的汽車內裝用布，總價高達一百六十萬美元，創下我們公司的紀錄。

我後來反思：如果那天嗓子沒有啞，我是不可能贏得這筆訂單的，因為我看待提案的方式是不正確的。這個偶然事件也啟發了我，讓別人多說點話，其實對促成談判更有益。

多讓別人說話的技巧，在商業上有效，生活中更是如此。芭芭拉·威爾遜和她女兒羅莉的關係很僵很糟糕。過去女兒安靜乖巧，現在卻變成不合群、好辯的青少女。威爾遜夫人使出渾身解數，用盡各種辦法教育、威脅甚至懲罰她，但都無濟於事。威爾遜夫人在班上無奈地說：

有一天女兒實在讓我太無奈了。她太不聽話了，家務沒做就跑去找朋友玩。當她回來，我真想好好教訓她一頓。但我早就精疲力竭，我望著她，傷心至極：「為什麼？為什麼會這樣？」

這時，羅莉察覺出我的悲傷，她平靜地對我說：「你真的想知道為什麼嗎？」我點了點頭。她起初還有點猶豫，但隨即毫不保留傾吐出來。原來是我從不聽她說話。我總是不斷命令她做這個、做那個。她想和我聊聊心裡的感覺、想法、觀念時，我總粗暴地打斷她，然後又發出一大串命令。我現在才意識到，羅莉需要的，不是一個只會發指令的母親。她需要一個知心朋友，一起分擔成長中的煩惱。過去，我只顧自己說，從不去聆聽。所以，我從來也不知道她想要什麼。

那天後，我就改變了母女之間的交流方式。我讓女兒暢所欲言，把心裡話一股腦都倒出來。現在我們的母女關係也大為改善，女兒又一次變得樂觀、合群。

紐約一家報紙最近刊登巨幅廣告，招聘才華出眾、經驗豐富的金融人才。查理斯・庫貝里斯躍躍欲試。他把履歷寄了出去，沒過幾天竟然收到回信約他面試。面試前庫貝里斯花大量時間，在華爾街到處打聽那位公司老闆的資訊。面試時，他特別強調：「我聽人家說，二十八年前，這位老闆白手起家，只有一張桌子、一間辦公室和一位速記員。若能在如此傳奇的公司工作，將會是我的榮幸。」每一位成功人士都會對早年打拼的經歷津津樂道，這家公司的老闆也不例外。他滔滔不絕地講述自己的故事：如何拿四百五十美金和一些想法開始創業，如何面對失望、嘲笑，如何沒日沒夜地工作，每天工作十二至十六個小時，假日也不休息，以及如何努力戰勝厄運。現在，就連華爾街一些重要人物都登門請教。他對過去很自豪，他有資格、也有大把時間細數自己的經歷。最後，他簡單地問了問庫貝里斯的簡歷，然後把副總經理叫來，說：「這個人就是我們一直尋找的。」

庫貝里斯花大工夫搜尋他未來老闆的奮鬥經歷，對老闆的談話一直保持濃厚興趣。他很善於鼓勵別人多說，所以能給別人留下好印象。

羅伊・布萊德利住在加州的沙加緬度，他正好處於相反的位置。有位先生來前來應徵他公司的業務代表，布萊德讓對方講話，而自己稱職地認真地聆聽：

我們是一家很小的仲介公司，沒有體面的福利、醫療和退休金等，找來的每個業務代表都是獨立作業。前來面試的理查・普萊爾正好有相關經驗，很適合這個職位。他先是和我的助理談，但是似乎不順利。我看他出來時，顯得有點失望。於是我告訴他加入公司的好處，他等於是獨立的承包商，因此實際上也是在創業。

於是他對我聊到這個制度的優點，然後把稍早面試時所有的負面想法都吐露出來。當中有幾段談話他彷彿在自言自語，如同自己在整理每個念頭。好幾次我都想插嘴討論，然而，面談快結束時，我覺得他已說服自己，完全不需他人說服，便決定來我公司上班。

當時，我盡力做好一位聽眾，讓他暢所欲言，這樣他不斷權衡利弊，最後做出正面的決定，原來他還自認為想法不可撼動。他加入了我們公司，現在是公司最傑出的一員。

即使和朋友在一起，我們也應該多談對方的成就，而不光只會自吹自擂。法國哲學家法蘭索瓦·拉羅什福柯（François de La Rochefoucauld）曾說過：「想要結仇，那就努力在別人面前表現得更出色；想要交友，就讓別人顯得比你出色。」這句話很有道理。別人超越我們時，就會覺得自己很重要；反之，當我們勝過他人時，有些人只會感到自卑和嫉妒。

海莉葉塔·高登女士在紐約市中區人事局擔任就業顧問，她與其他同事的關係相處得最好，但過去不是這樣。剛入職時她好幾個月都沒有一個談得來的朋友。究其原因，是她每天都展示又完成了哪些就業媒合，開發了哪些新客戶，以及她做的每一件事。高登女士在班上說：

我的工作很出色，我很自豪，但我的同事非但不願意和我分享喜悅，而且顯得有點怨恨。我渴望和他們成為朋友，真心想受到大家的歡迎。在聽完人際關係課後，我開始明白這個道理，變得少談自己，多傾聽別人。其實他們也很多自豪的事，比起聽我自吹自擂，他們更急於想跟我分享生活的成果。現在，和同事們聊天，我總是讓他們多說，一起分享他們的快樂。只有被問及，我才會談自己。

因此，我們應該鼓勵別人暢所欲言、盡情地說。

七　不推銷的推銷術

自己領悟的道理永遠比別人教給你的要深刻。即使別人把這些道理用銀盤子托著盛情送你，你也不見得領情。既然如此，硬要別人吞下你的想法，顯然也不會有什麼效果。換個方式，用提點的方式，讓對方歸納出結論，效果不是更好？

費城的阿道夫·塞爾茨先生在一家汽車銷售中心做銷售經理。他在班上講述自己如何鼓勵手下的銷售員。這些銷售員個個都自由散漫、士氣不高，他必須盡快讓他們振作起來，所以決定召開一次銷售會議。在會議上，他鼓勵銷售員們說出內心真實的期望。大家說完後，他把他們的想法寫在小白板上，他說：「我可以滿足你們的全部期望。現在我想知道，我能從你們那裡得到什麼？」大家表現得很積極，基本回答是：忠誠、誠實、樂觀、積極主動、合作精神以及每天八小時全力投入工作的熱情等。

這次會議開得很成功，鼓動了大家的勇氣和熱情。會後竟然有人自告奮勇要求每天工作十四小時。這家汽車銷售中心的業績很快就增長了。

塞爾茨先生表示：「這次會議，實際上是員工和我彼此約定。我給大家一個承諾，他們也絕不讓我失望。詢問員工各自的期待與期望，正是他們所需的強心針。」

被逼迫買一件東西或者執行某個命令，誰也不會願意。我們寧願根據自己的想法行動、出於自己的意願購物。我們都喜歡有人徵詢自己的希望、要求和想法。

尤金．韋森因為不懂這個道理，所以之前的委託案都賺不到錢。他為一家設計時裝和紡織品的工作室推銷樣本。過去三年中，他每週都去拜訪紐約一位服裝界領軍人物。

韋森提到：「每次這個人都會接見我，但一次也沒有買過我的樣本。他總是仔細地看，然後說不行，今天不打算買你的東西。」

韋森在失敗了一百五十次後，忽然明白自己有盲點，才會重蹈覆轍。於是他參加了課程，每週抽一個晚上學習如何影響他人，以拓展新觀念、增加生活的熱情。

他決定採取一種新方式。他找來六張未完成的草稿，展示給這位客戶，然後問那位領軍人物：「我想請你幫個忙，這裡有一些沒有完成的草圖，你能告訴我怎麼做才能讓你滿意嗎？」

這位客戶看著圖，沉默了一會兒，然後說：「你先把草圖留在這裡，明天再來找我。」

三天後，韋森取回了樣本，按照客戶的建議把畫畫完，結果這些樣本全部被這位客戶買下了。之後，這位對方又預訂了幾十張設計樣本，每張都加入了他的意見。韋森先生說：「現在我終於明白之前為什麼做不好生意。我只顧讓別人買產品，但後來我改變了方式，讓別人提出意見，讓他感覺這是他的設計與創作。這樣不必推銷，他就會主動購買。」

讓對方認為，成果是出自他的創意，這種方法在商業上有效，在生活中也一樣管用。

奧克拉荷馬州圖薩的保羅‧戴維斯講了一個故事：

我和家人一起外出旅行。我很早就想參觀蓋茨堡戰役遺址、費城獨立紀念館和首都華盛頓。我的名單中還有一些像福吉營地、詹姆斯鎮以及威廉斯堡這樣殖民時期的小鎮。

三月份，妻子南茜提出她的夏季旅遊方案，包括遊覽西部各個州：新墨西哥、亞利桑那、加州和內達華等地。她計畫了很多年。但顯然我們兩人的方案只能取其一。

我女兒剛剛上完初中的美國歷史，對於形塑國家的重大歷史事件很感興趣。我問她是否願意去課本上的那些地方，她表示非常樂意。

兩天後，我們一家人圍在桌子前開家庭會議。最後南茜說，如果大家不反對的話，我們可以去東部幾個州度假。這樣不僅對女兒有意義而且大家都很興奮和期待，意見終於達成一致。

一家X光機製造商也是用了同樣的心理學技巧，成功地把機器賣給布魯克林的一家大醫院。當時，這家醫院在擴大規模，準備引進頂尖的X光設備。L醫師主要負責採購，很多經銷商把他團團圍住，爭先恐後地推薦自己的機器。

有一家經銷商，採用了一個出人意料的策略，他比一般人更能洞察人情，他寫了一封信給L醫師：

我們公司最新研發了一種X光機。第一批貨剛出來，但並不完美（大家都心知肚明），我們希望能有所改進。若醫師能親自來看看，並提出寶貴意見，讓機器更適用醫界的需求，那我們必定會感激萬分。醫師您日理萬機，只要您任抽出時間，我們都樂意派專車接送。

醫師收到信後非常驚訝，他說：「驚訝之餘，我還有種受寵若驚的感覺。之前從未有一家X光機製造商徵求過我的意見，讓我有受重視的感覺。那一週我每晚都很忙，但還是取消某個約會，抽出時間看了那臺機器。我越是研究你們的機器，就越是覺得喜歡。

「你們沒有試著推銷，是我自己主動決定要為醫院買下那臺機器，因為它的品質優異。下訂單後我就請人來安裝了。」

詩人愛默生在散文〈論自助〉（Self-Reliance）中這樣寫道：「不管是哪一件天才的創造品，當中都可以找到已被我們拋棄的想法；它們華麗歸來，但我們已認不出原來的樣子。」

在威爾遜總統執政期間，愛德華・豪斯（Edward House）上校對國內外政務的影響很大。總統對他言聽計從，信任度更勝於內閣官員。

豪斯上校是如何影響總統決策的呢？記者亞瑟・史密斯在《星期六晚報》中提到豪斯上校對他透露的話。豪斯說：「認識總統後，我發現讓總統接受建議的最好方法，是要不經意地讓他留下印象、使他感興趣並主動地開始思考。第一次純屬巧合，我去白宮拜見他，試圖游說一項政策，但他看來不太同意。但出人意料的是，幾天後在一次聚餐上，總統竟然把我的提議當作自己的給講了出來。」

這時豪斯是否會打斷談話，強調那是他的提案，不是總統的。當然不會，豪斯還不明瞭白宮的政治文化嗎？他不在乎功勞歸誰，重點是要有成果。他沒打斷談話，繼續讓總統覺得是在發表自己的意見。這還不夠，豪斯在公開場合都會宣稱那些全都是總統的想法。

我們也許有機會接觸到總統等級的人，所以一定要好好學習豪斯的應對方法。

一位加拿大新布倫瑞克省的人，就曾用這樣的方法吸引我前去消費。當時，我正計畫去當地划船釣魚。我寫信給旅行社打聽相關情況。我的個人資訊很快就被列入廣告投放名單，野營中心、嚮導紛紛向我發來旅遊手冊和目錄。我一時眼花撩亂，不知道要選哪一家。沒過多久，一位野營中心的人用了一個非常聰明的方法。他寄來幾位紐約人的聯絡方式，他們都住過他的營區，而我可以自己打電話去證實他的服務品質。

我驚訝地發現，這些遊客中有一位我認識的人。我打電話過去，詳細詢問他的旅遊心得，隨後我就去電這家野營中心，告知我將抵達的時間。

其他旅行社和野營中心都在推銷他們的行程，只有這家讓我自己評估，這種策略贏得我的消費支持。

兩千五百年前，中國的老子講過一句話，至今對所有人有用：

大江與大海之所以能成為山中溪流的歸屬，是因為它們處於低下的位置。因此，江海統管了所有的溪流。聖者若想要高於百姓之上，先得態度謙恭；想要帶領人民，自己的重要性就要放在最後面。這樣一來，雖然他位居於上，不會讓人覺得有壓迫感；雖然他排序在前，也不會有人當成妨礙。14

記住，無論討論何種方案，要讓對方感覺自己是發想者。

八　用別人的眼睛看世界

記住，無論這個人如何錯得離譜，他自己也絕不會這麼認為。所以不應指責別人，那是傻子才幹的事情。凡聰明的人、寬大的人、優異的人，都會有足夠耐心，認真去瞭解別人。

每個人都有一套理論解釋自己的想法和做法，只要你探索一番，就能解開他的行事風格、甚至掌握他的個性。

試試看，真心誠意地在站對方的角度看事情。試著問自己：「如果我處於他的立場，我該作何反應？」懂得這一點，你就會甩掉大堆煩惱，省下大筆寶貴時間。很簡單，只要對事情起因保持好奇，就必較能包容後來的結果。此外處理人際關係的技巧也會提升。

肯尼斯．古德（Kenneth Goode）在著作《如何點人成金》（*How to Turn People Into Gold*）中提到：「莫要著急，先想想，關於自己你最在乎的事情，接著比較其他次要關心的事情，就會立刻明白，世上每個人都是如此關心自己的！明白這些之後，方能像林肯、

14 編註：出自《道德經》第六十六章：「江海所以能為百谷王者，以其善下之，故能為百谷王。是以欲上民，必以言下之。欲先民，必以身後之。是以聖人處上而民不重，處前而民不害。」

老羅斯福一樣，掌握人際關係中最堅實的基礎，感同身受地站在別人的角度上思考，成功應對。」

來自紐約亨普斯泰德（Hempstead）的山姆．道格拉斯，他的妻子花大量時間整理自家花園，拔草、施肥、修剪。他說，每週整理兩遍，也不見花園和草坪比四年前剛搬來時更好看。顯然這種話讓妻子非常沮喪。每次批評完妻子，整晚家裡的氣氛都跌至冰點。

山姆來上課之後，才知道這麼多年來自己多麼愚蠢。他從來沒有想過，修剪草坪、整理花園這件事本身就充滿快樂。妻子那麼勤奮，一定很期待有人讚賞她的苦心。一天晚飯過後，妻子要求他一起陪著除草。山姆起先像往常一樣拒絕了，但回頭一想，還是覺得參與比較好，於是走到花園幫忙。這次妻子顯得非常高興，兩人忙了一個多小時，過程還愉快地聊天。此後，山姆每次都和妻子一起整理花園，誇獎她把草皮維護得很美，整個院子的土地也很平整。即使只是像拔草這樣的小事，山姆也學會從妻子的角度看問題，家庭生活就增加了許多歡樂。

傑拉德．尼倫伯格（Gerard Nierenberg）在《進入人們的內心世界》（*Getting Through to People*）一書中這樣說：「要把對方的觀點、想法看成和自己的一樣重要，那麼彼此就能在交談中達成合作精神。開啟交談時，先坦白自己來訪的目的或用意，想好即將說出的話：如果你是聽者，會想聽到什麼話？聽者的觀點一被認可，就會受到鼓勵，於是敞開心扉，更容易接受你的看法。」

多年以來，我經常在離家不遠的公園裡散步或騎馬。像古代高盧的德魯伊人（Druids）[15]一樣，我也很喜歡橡樹，每每當我看到有小樹或灌木被燒掉，就感到非常痛心。火災並不都是由吸菸者引起的，大多數是青少年在樹下烤香腸、煎蛋所引起的。有時候火勢又快又急，不得不通報消防隊來緊急滅火。

公園角落立有告示牌，「任意生火者將處以罰款或拘禁」。但它立在鮮少人經過的地方，就連違法生火的人也看不到。公園騎警應該要負起責任，但他沒有認真看待，所以時不時公園都有火災傳出。一次我急忙找他，通報某處有不明火源快速擴散，請他通知消防隊。他卻若無其事地說，那不屬於他的管轄範圍，與他無關。我失望至極。後來，當在公園騎馬時，我就自命為管理委員，職責是保護公共領域。最初，我沒有顧及對方的立場，一看到樹下有人生火就非常生氣，急著要做好事。結果我做錯了。我騎馬衝向那群男孩，警告他們，隨地生火就會被抓去關。我用威嚴的口氣命令他們熄火，若不服從，就威脅要叫警察來抓。我只管宣洩情緒，從未想過別人的感受。

結果呢？他們照做了，但不情不願、心懷不滿，一等我騎車過了另一個山丘，大概又

15 編註：在西方上古神話中，德魯伊人掌握知識、醫療、魔法，並且崇拜橡樹。

會重新生火，搞不好還會想把整個公園燒了。

多年過去了，我習得更多人際關係的知識、培養了一點溝通技巧，也比較能從對方的角度看事情。現在遇到類似情況，我不會再喝令斥責，而會騎馬走到篝火前，說：

孩子們，玩得開心吧？你們生火要做什麼晚餐？我在你們這個年齡，也很喜歡篝火野炊，現在也一樣。但我想提醒你們，在公園裡生火很危險。我知道你們會很小心地注意用火，但是其他小孩就不一定了。他們看樣學樣，或許離開時忘記把火弄滅，火苗飄到乾的樹葉，馬上就會把樹燒光光。或許我們整個樹林就會被燒光，而你們可能會因此入獄。好了，我不是來掃興的，也希望你們玩得開心。不過現在是否能麻煩你們，把火堆周圍的樹葉掃到一旁，離開時，多用些泥土把火蓋嚴。好嗎？還有，如果下次再來，小丘過去有些沙坑也很適合生火，而且不會有什麼危險。謝謝你們！孩子們，祝你們玩得開心！

改用這樣態度溝通，效果大大改變！男孩們真的願意配合，不再心懷怨恨。他們不覺得是在執行我的命令，所以也保留了顏面。孩子感覺愉快，我心情也不錯，因為我是從他們的角度思考來處理問題。

有時個人問題快壓垮你，那就試著從對方的角度來面對，就得以緩解緊張氣氛。澳州南威爾斯的伊莉莎白．諾瓦克拖延了六週沒繳汽車分期付款。她說：

某個週五，有人電話來，說他負責我的個案，如果下週一早晨不按時繳納一百二十二美元，公司即將採取行動。但我沒辦法在週末湊到足夠的錢。週一一大早接到電話時，我想大事不妙了。但與其心情低落，不如試試看用他的角度看當前的情況。我先誠摯地表示歉意，給他帶來了麻煩。我老是拖欠款項，應該是最令人頭痛的客戶。對方聽到這裡，語氣一下子就緩和了。他保證，我絕對不是他手上最難處理的客戶。有的人更不講理，有的人謊話連篇，甚至還有人避不見面。過程中，我並沒有說多少話，只是認真傾聽，讓對方把牢騷發完。後來，我都還沒提議，他就對我說，若我付不出所有欠款，也不是什麼大不了的事。月底之前先付二十美金就可以了，其餘等方便時再說。

明天，若你打算要叫人把火滅了，或說服別人購買你的產品，或給紅十字會捐款，且慢，不妨先停下冷靜一會兒，閉上眼睛，從對方的角度好好想一想，自問：「為什麼他想要或需要這麼做？」這會花點時間，但可以避免製造敵人，減少磨擦和衝突，結局會圓滿許多。

哈佛商學院院長華勒斯・多納姆（Wallace Donham）說過：「進行會談前，我寧願在對方公司樓下的走道多繞兩個小時，而不是腦袋空空走入辦公室，完全不知道自己要說什麼，也不試著評估對方的動機和興趣，猜想他可能的回應方式。」

這句話太重要了，我想再強調一遍：

進行會談前，我寧願在對方公司樓下的走道多繞兩個小時，而不是腦袋空空走入辦公室，完全不知道自己要說什麼，也不試著評估對方的動機和興趣，猜想他可能的回應方式。

如果說，讀完這本書你只學到一件事：「自然而然地，總是能站在對方的立場上思考，從對方的視角看事情，就像透過你自己的眼光去看。」如果這是你唯一從本書學到的事情，沒多久你就會發現，它足以成為你成就人生的基石。

記住，真心誠意地從對方的角度來看事情。

九　同理對方的想法與需求

假如有一句神奇的話，既能終止爭執、消除惡意、產生善意，又能專心聆聽，你想知道嗎？

沒問題，我這就告訴大家：「你有這樣的感受，我完全不會怪你。如果我是你，無疑地也會有同樣感受。」

只需要這一句話，再執拗的人都會變得溫和。但說的人必須真誠地發自內心，畢竟若你是對方，也一定會感受到說話是否有誠意。以阿爾・卡彭為例，如果你的身體、性格和思想與卡彭一樣。如果你經歷了他所經歷的一切，並處在他的環境下，你就會成為那樣的人、處於他的境況。畢竟，就是這些事情全部加起來造就了卡彭。正如你之所以不是條響尾蛇，是因為你的爸媽都不是響尾蛇。

你的現況、處境都大多都不是你造成的。你要明白，你遇到的人，無論他多麼憤怒、執拗和不理性，也大多不是他自己造成的。對於這些可憐人，我們要懷著同情與同理心。我們應慶幸地說：「若不是上帝的恩寵，今日我的處境就和他一樣。」

在你一生遇到的人當中，有四分之三的人都期待、渴望他人的同情。若你能付出關懷，對方就會真心喜歡你。

在某次廣播節目上，我談到了《小婦人》的作者路易莎・梅・奧爾科特（Louisa May Alcott）。我當然知道她的出生地在麻塞諸塞康科特（Concord），她在那裡完成了偉大的著作。但在節目上，我竟然粗心地說，我去過新罕布夏州的康科特拜訪過她。說錯一次或許尚可原諒，要命的是我竟然說錯了兩次！結果信件、電報雪片般紛紛湧來，上頭充滿各種帶刺尖酸的訊息，我毫無防備，彷彿被一大群蜜蜂纏上、叮得滿頭包。有位來自於麻州康科特、目前住在費城的開國婦人會（Colonial Dames）[16]成員非常激動，把她的所有不滿之火灌注在我身上，好像我把奧爾科特說成了新幾內亞的食人族一樣。

讀到她的信，我心裡暗自慶幸：「天啊！幸虧我沒有娶了這樣的女人。」我想，應該有必要回一封信給她，告訴她，固然我在地理知識上犯了錯，但她在基本禮貌上犯的錯更嚴重。我挽起袖子準備給她回信了，並準備將這一句話作為開場白。但我又停了下來，努力克制住自己，終於沒有動筆。我明白任何一個被情緒沖昏頭的傻瓜都會那樣做，而大部分的傻瓜都會莽撞。

當然我不能那樣做。我要想辦法將她的敵意轉化為友情。這是一個挑戰，也是我最喜歡的人際遊戲。我暗自對自己說：「老實說吧，假設我是她，或許也一樣憤怒。」我決定試著同理她的立場，等我拜訪費城時，我親自打電話給她。

我：您好，夫人，我收到您幾週前寫的信，非常感謝。

她：（電話那頭傳來清楚、措辭講究、有修養的聲音）請問您是哪位？讓我有如此榮幸接到您的電話？

我：您可能不認識我，我是戴爾・卡內基。幾週前您收聽過我的廣播節目，主題是談奧爾科特，當時我犯了一個致命錯誤，把她的故居說成新罕布夏了。這個錯誤實在太愚蠢了，我要向您道歉。您能抽時間親自寫信給我，實在不易。

她：卡內基先生，實在太抱歉了。我在信裡面發了那麼大的火，我得向您誠懇道歉。

我：不！不！道歉的人應該是我。這個錯誤甚至任何一個小學畢業的人都不應該犯。我在第二週的廣播裡公開道歉，但是我還要以個人身分向您再次道歉。

她：我在麻塞諸塞州康科特出生，我們家二百年以來是當地的望族，我一直以家鄉自豪。當您說奧爾科特來自新罕布希爾，我實在太傷心了。不過，我還是應該為那封信向您道歉。

16 編註：開國婦人會的成員都來自北美十三州，她們的祖先都曾在建國前擔任殖民地的公職或軍人。

我：發生這樣的事情，我敢保證我比您更難過十倍。雖然這個錯誤對麻塞諸塞州沒有實質上的傷害，但是我內心感到無比傷心。像您這樣有地位、有教養的人，是很難得寫信到電臺的。今後我如再有類似錯誤，還請您能多多指教。

她：您知道嗎？您誠懇接受批評的態度讓我感到欣慰。您一定人品很好，我願意和您這樣的人交朋友。

就這樣，我同理她的立場，向她道了歉，她也以同樣的態度回應。我也為當時克制住衝動而感到高興。與其一怒之下叫她滾開、跳入費城的斯庫爾基爾河，不如讓她對我有好感，更讓我感到人生真有許多樂趣。

總統入主白宮後，每天都要面對紛繁複雜的人際問題。塔夫脫總統也不例外，經驗告訴他，同理心具有不可思議的化學效果，可以調和人與人的怨氣。他在《公共服務的倫理》（*Ethics in Service*）一書中提到一位野心和失落交織的母親，說明他是如何平息這位母親的怒火：

華盛頓有一位夫人，她丈夫在政界影響力很大。她用了六個多星期和我周旋，試圖為她的兒子謀一份差事。她找了一大群參議院和眾議員幫忙，一起前來白宮為他兒子說項。因為這個職位需要的技術性很高，我就按照該部長的推薦安排了其他人。一段時間後，我收到這位母親的信。她稱我是世界上最無情無義的人，這件事情對我來說輕而易舉，但我的拒絕讓她感到傷心。她還抱怨，上次有一個我很關注的提案，她遊說自己地方的州代表全力支持，而我卻如此報答她。

假設你收到這樣一封信，應該會認為，怎麼遇上如此不講理、甚至魯莽的人。你可能會立刻回覆這封信。但如果夠明智，你會把信鎖在抽屜，過個兩天再拿出來看。這種來信延遲幾天回覆很正常，經過這樣的考慮期，再拿出信時，你應該就不會想寄出去。我轉而重寫一封措辭很周延的信，表明我能體會一位母親遇上這種情況的失望之情，但就我不能因個人的偏好指派人選。這個職位需要一個技術過關的人擔任，因此我才接受了部長的建議。我對她兒子目前的工作表示了祝福，希望他能實現個人理想。最後，這封信讓這位母親感到寬慰，她回信表示很抱歉寫信指責我。

但我推薦的人沒有隨即走馬上任，過一段時間，我又接到據稱是她丈夫的來信，仔細一看，筆跡依然出自她之手。信中說，這件事讓這位母親十分傷心，乃至精神衰弱，整日臥床，得了胃癌。信中懇請我把推薦人撤回，換上她的兒子，促使她早日康複。我萬般無奈下，又給她丈夫回了信：「我希望醫生診斷錯誤。夫人重病，想必你一定悲傷難熬，但是要撤回推薦的人是不可能的。」最後我推薦的人終於就職。

隔了兩天，白宮舉行了一場音樂會，我和夫人最先遇到的就是這對夫婦，雖然這位夫人不久前還「病入膏肓」。

傑．曼格姆是奧克拉荷馬州圖爾薩一家電梯維修公司的經理，公司和一家頂級飯店簽有電梯維修合約。為了避免造成客人不便，飯店經理規定電梯維修時間不得超過兩小時。但一般電梯維修至少需要八小時，就算飯店指定方便的時間，公司的專業技師也可能有其他要務在身。

曼格姆為這家飯店安排了最好的技師。他打電話給飯店經理，但不是為了要抱怨飯店沒有給足夠的時間：「瑞克，我知道你們飯店顧客很多，我理解你希望盡可能減少電梯停運時間。這點對你很重要，我們會盡力配合你的工作。但兩個小時內，我們檢查電梯後發現，如果沒有足夠整修時間，將來電梯會損害得更嚴重。再次維修的話，時間會更久，你肯定不願意看到顧客好幾天都不能用電梯吧？」

最後，這位飯店經理不得不同意了，畢竟停運八個小時要比停運好幾天強得多。曼格姆發揮同理心，知道飯店經理想維護顧客的心情，而對方也因此很快接受他的想法，沒有任何埋怨。接下來看看喬伊絲．諾里斯的故事。她住在密蘇里州聖路易市，是一位鋼琴老師。她談到如何處理與青少女的師生關係：

芭貝特從小留著長長的指甲，而彈鋼琴是不能留長指甲的。我們知道，留長指甲是彈不好鋼琴的。鋼琴課一開始，我和她談話時並沒提到修剪指甲的事情。我不想打擊她學習鋼琴的興趣，也知道她不想失去精心護理、引以為豪的美麗長指甲。

上完第一堂課，我發現了一個好時機。我說芭貝特，妳的雙手很漂亮，指甲也很美，但要把鋼琴彈得像你想像中那樣好的話，我覺得，指甲修短一些比較好，妳會意外發現彈起鋼琴更容易、更流暢。你可以考慮一下，好嗎？她當下的表情顯示她絕對不會修指甲的。我也同孩子母親談了這件事，但母親覺得芭貝特可能不會照做，畢竟她很寶貝自己精心修護的指甲。

令我吃驚的是，第二週上課，芭貝特的指甲剪短了。我立刻對她的舉動表示讚賞，也對她母親的勸說表示感謝。但她母親卻說：「啊？我可什麼也沒做啊，芭貝特自己決定的。她長這麼大，第一次為了一件事有所捨棄。」

諾里斯沒有強迫芭貝特，也沒有說威脅的話，一句沒有。她只是讚美芭貝特的指甲，並告訴芭貝特：為了學好鋼琴，修剪指甲是一種犧牲。她只是暗示：「我同情並理解你，捨棄那些美麗的指甲實在不易，但鋼琴卻能因此彈得更好。」

美國首屈一指的表演經紀人索爾．胡洛克（Sol Hurok），在近半個世紀裡一直和聲樂家費奧多・夏里亞賓（Feodor Chaliapin）、舞蹈家伊莎朵拉・鄧肯（Isadora Duncan）和舞蹈家安娜・帕佛洛娃（Anelia Pavlova）等眾多藝術家保持密切交往。胡洛克先生告訴我，他之所以能和這些喜怒無常的藝術家們保持良好關係，關鍵是他懂得同情和善解人意，尤其藝術家脾氣古怪，要更加理解他們的個性。

夏里亞賓是最有名的男低音，迷倒大都會歌劇院包廂裡的上流人士。胡洛克先生擔任他的經紀人長達三年之久。夏里亞賓就像一個被寵壞的大孩子，胡洛克先生也承認：「他各方面都很難應付。」

比如，即將演出的當天中午，他會告訴胡洛克先生：「索爾，我嗓子不舒服，喉嚨乾得像塊生牛排一樣。今晚是唱不了了。」胡洛克是否會和他爭論？當然不會。他知道作為一個合格經紀人，不能那樣對待藝術家。他立刻趕到夏里亞賓下榻的酒店，當場流露他的同情心，難過地說：「太可憐了，太難過了，我可憐的朋友。這種情況，你當然不能再唱了。我馬上取消演出，不過就損失幾千美金而已。和你的名聲相比，這算不了什麼。」夏里亞賓想了想，嘆息說：「哎，或許你下午再來一趟，看看我五點左右恢復得怎樣。」下午五點，胡洛克如約而至。他又一次表示同情和理解，並再次堅持要取消演出。這時，夏里亞賓會再接著嘆氣：「好吧，你再晚一些時間來看我，那時我或許會好起來。」

一直到晚上七點半，夏里亞賓這位偉大的男低音終於答應演出，但是附加一個條件：

胡洛克先生必須在演出前，站在舞臺上宣佈夏里亞賓患有重感冒，嗓子受到影響。胡洛克當然會照做，因為只有這樣，才能讓這位歌唱家登臺演出。

亞瑟・蓋茨（Arthur Gates）博士在著名心理學著作《教育心理學》裡提到：

> 所有人類都渴望獲得同情，這是個普遍現象。小孩子會急於向大人展示自己的傷口，甚至故意割傷、創傷，來引起同情與關注。同理，成人也不例外。他們也會向別人展示自己的傷痛、意外、疾病，特別是手術之類的事情。人們多少都會憐憫自己的悲慘遭遇，不論是確有其事或自己想像的，這是普遍的心態與舉止。

因此，想獲得對方贊同你的想法，就得謹記本章的要點，去同理對方的想法和與要求。

十 從「人性本善」的角度出發

我在密蘇里州的鄉間長大，大盜傑西・詹姆斯（Jesse James）曾在那裡生活，我拜訪過他的農場，那時他的兒子還活著。

傑西・詹姆斯的妻子給我講過一些軼事，說他先生搶劫火車和銀行後，將財物分給四鄰的農夫，讓他們贖回拿去抵押的房屋。

傑西．詹姆斯的自認為是一位理想主義者，幾十年後的達基．舒爾茨、「雙槍手」科洛利、卡彭及其他黑幫「教父」一樣也自詡為好人。事實上，每個人都會高估自己，覺得自己心地善良、大公無私。

J．P．摩根在一篇文章中說：人們做事無非出於兩種理由，一種為了美譽，另一種出於現實。

每個人都覺得自己是從事實出發，這不難理解。同時，每個人心裡都有個理想化的自己，做事情都要有良善動機。要改變人，就要激發他的高尚動機。

在商務活動中談理想是否不合時宜？拿賓州的漢密爾頓．法雷爾先生為例。有一名房客不滿意，威脅說要立刻搬走，而房租合約還有四個月才到期。法雷爾先生在課堂上說：

房客住了整整一個冬季，現在是房租最貴的時期，在秋天來臨之前，會很難找到其他租客。我明白這一點，眼看我要到手的租金就要泡湯了，我心急如焚。

按以前的做法，我會立刻把房客找來大吵一架，把合約給他看。他搬走可以，但要把房租餘款付清；我有權利徵收。

但是，我既沒有大發雷霆，也沒有大吵大鬧。我想試試別的方法。我說：「多伊先生，我知道你有自己的想法和計畫，也知道你下定決心要搬走。出租房屋很多年了，我遇見過很多難以預料的事，但第一次見到你，我就認為你是一個守信的人。我對此很確信，甚至敢打賭。」

「我現在有個提議，你不妨聽一聽。如果下個月一號房租到期前，你依然想搬走，那麼我就願意接受你的決定。你有租與不租的權利。我也只好承認之前的判斷有誤，但我還是堅信你是個講誠信的人，一定會把租期住滿。說到底，要當個文明人還是野獸，選擇都在於我們自己。」

第二個月，多伊先生親自來繳交房租。他說已經和妻子商量過，最後還是決定繼續住下去。他又說履行合約是應該的，而且事關名譽。

諾斯克里夫（Northcliffe）勳爵[17]曾發現一家報紙刊登了一張他不願意公開的照片。於是他決定寫一封信給編輯，他會說「請不要再刊登那張照片，我不喜歡」嗎？當然不會，他會激發對方高尚的動機。每個人都敬愛母親，所以他在信中寫道：「請不要再刊登那張照片。我母親很不喜歡。」

17 編註：諾斯克里夫勳爵為阿佛雷德·哈姆斯沃斯（Alfred Harmsworth），為英國數家報業的創辦人。

一些記者想給約翰・洛克菲勒的孩子拍照，他不會直接說：「我不想讓你們刊登孩子的照片。」他也是激發他們高尚的動機。大家內心都想要「保護兒童」，所以他對記者說：「你們有的人也身為父母，各位都明白，讓孩子過早成為公眾人物，對他們的成長非常不利。」

一位來自緬因州的窮小子賽勒斯・柯蒂茲（Cyrus Curtis），經過多年不懈努力奮鬥，終於成為擁有《星期六晚郵報》和《婦女家庭雜誌》的百萬富翁。他付不起其他雜誌社一樣高的稿酬，無法只用錢就說動對方，所以他就激發對方的高尚情懷。當時《小婦人》的作者奧爾科特女士是最紅的作家，他拿出了一百美金支票，不是給奧爾科特，而是捐給她最支持的慈善機構。

對此情形懷疑論者會質疑說：「這一套把戲對於諾斯克里夫、洛克菲勒或者一些感情豐富的小說家還算管用，但是對於那些喜歡賴帳的傢伙就不起作用了。」

這種說法也有道理，但世界上沒有任何理論「包治百病」。如果你的現狀很好，那就不值得用這樣的方式；如果你的現狀不令人滿意，那麼你何妨試試看呢？

不論如何，我都會希望你看一看我之前一個學員詹姆斯・湯瑪斯的故事。一家汽車公司有六位顧客未支付全部的修理費，他們聲稱帳單上一些收費項目不合理或出錯。公司每次都會回覆顧客，帳單不會錯，因為每次修理你們都簽過字。但這恰恰犯了第一個錯誤。

下面是公司信用部催款的步驟，你覺得他們會成功嗎？一、拜訪每一位顧客，明確告訴他們須交齊欠款；二、告訴顧客，公司的帳目絕對沒有錯，肯定是顧客搞錯了；三、暗示顧客，公司對汽車方面的知識比顧客多，顧客最好不要狡辯；四、結果——大家爭吵起來。

試想一下，這些方法能安撫顧客，讓他們樂意付款嗎？事情到了這個階段，公司信用部已經磨刀霍霍要祭出法律手段了。消息傳到總經理那裡，他立刻查了一下這些顧客的付款紀錄，發現過去他們都很快就結清帳款，那麼問題就來了，是否是收款的方式出現問題？他讓湯瑪斯親自督辦這些帳款。湯瑪斯的催款步驟如下：

一、拜訪每一位欠款的顧客，說明這筆帳公司是不會弄錯的，但在拜訪時隻字不提催款的事情。我對顧客說，我只是想瞭解一下公司已提供了哪些服務，哪些還不夠完善。

二、我認真詳細聽完顧客的敘述，並明確告訴他們，公司也並非完美，有些事情做得還不夠到位。

三、我告訴顧客，我唯一感興趣的就是他的汽車，還說，他是全世界最瞭解這臺車的人，以此讓顧客建立權威感。

四、讓顧客盡可能多說，自己認真傾聽，並對他的要求和期待表示同情。

五、最後，顧客都會逐漸變得理性起來。

我激發他的高尚情懷，讓他知道，這事有賴於他的公平態度才能解決。我說：「首先我想說明，我也覺得公司對這件事的處理欠妥當。之前的業務造成你的不便，並讓你感到不悅。這種事情不應該發生，我很遺憾，也很抱歉，我代表公司向你道歉。聽了你的想法，我發現你處事公平又有耐心。正因如此，我想麻煩你幫一個忙，請你核對我們的帳單，這事你做得比誰都好。交給你來修正，我很放心，你一定會公平處理這件事，你就當作自己是我們公司的總經理吧。此事你全權處理，你說多少就多少。」

事實上，顧客還真的認真核對了帳單，而且非常樂意這麼做。這些帳單數目不多，從一百五十多美金到四百美金不等，顧客也不都是貪圖小利。雖然有一位顧客仍然不滿意，拒絕繳納有爭議的項目，但其餘五位都非常慷慨地全部付清了。這種做法不僅讓顧客產生了好感，更令人欣慰的是，二年後，這六位顧客全部又在公司購置了新車！

湯瑪斯感慨地說：「經驗告訴我們，在不瞭解顧客情況的前提下，唯一能讓事情繼續完成的出發點，就是假設對方都是誠實可靠的人。一旦他們確認事實，就會急忙把帳單繳清。換個更清楚的說法：人人都有誠信，都想盡力履行義務，很少有例外。即使那些善於欺騙的人，但若你能表現出，你認為他們是誠實、可靠、公平的人，那麼大多數情況下，他們還是會樂於配合。」

只要激發對方內心的高尚動機，就更容易提出要求了。

十一 戲劇性地表達你的想法

數年前，有人造謠、惡意抹黑費城的《晚間新聞報》（*Philadelphia Evening Bulletin*）。有人告訴廣告主《晚間新聞報》廣告氾濫，新聞內容太少，讀者已經厭煩。謠言四起，報社必須立即採取行動。

報社該怎麼做呢？

《晚間新聞報》決定把每天刊登的閱讀材料全部剪輯下來，分類整理，再彙編成冊，並給這本書起名為《一天》（*One Day*）。這本書長達三百零七頁，一點不比市面上的精裝書差。大家都明白，市面上普通一本這樣的書要賣幾美金，而《晚間新聞報》只賣幾美分。

這本書的問世，有力地證實《晚間新聞報》每天刊載的內容非常豐富。這比列數字、講道理給人帶來更直觀的感受，而且有趣，讓人印象更深刻。

我們身處於戲劇性表達的時代，僅僅陳述事實是行不通的，要採取鮮明、有趣、有感情的表達方式，才能吸引人們的注意。電影、電視就是這樣做的。想引起別人的注意，就要用上這些技巧，好好表演一番。

櫥窗設計專家就很懂得運用這個技巧。一家滅鼠公司推出新的老鼠藥，經銷商專門為此設計了一個展示櫥窗，裡面竟然有兩隻活生生的老鼠。一週之內，這家公司的老鼠藥銷售量一下子增加了五倍。

晚上坐在電視機前，注意一下電視廣告，稍加分析你就會發現，廣告商如何呈現戲劇化的效果。例如，某牌的制酸劑在試管中改變了酸性物質的顏色，而他牌卻無法做到；某牌的洗衣粉或肥皂輕而易舉地清潔了衣物上的污漬，而使用他牌產品污漬依然存在；一輛新型汽車在路上疾馳、流暢地轉彎，這比用語言文字表達還生動。還有人們使用某產品後表現出滿意、讚許的神情。這些都是戲劇化的表達方式，要對觀眾展示產品的各項優點，以產生購買欲。

其實這並不難，戲劇化的手法可以表達任何商業理念，或者生活中的任何事情。吉姆．葉曼斯是維吉尼亞州安迅公司的收銀機銷售員，他講述如何用此方法促銷：

上週，我拜訪了附近雜貨店的老闆，店裡正使用一臺非常老舊的收銀機，簡直是古董級了。我對這位老闆說：「我注意到這臺收銀機，每當顧客結帳經過，都會把錢掉落在地上。」說話時，我刻意把一些硬幣丟到了地上。這立刻引起了他的注意。推銷的話他應該聽得夠多了，只有硬幣掉下來的聲音才能讓他停下手頭的工作。一番交談後，我順利地得到購買新收銀機的訂單。

富有戲劇色彩的表達，在家庭生活中也非常實用。過去，男人向女人求婚時，不僅僅是說一些濃情蜜意的情話，而且還會單膝跪下，表明求婚的誠意。儘管現在求婚的場面不需要下跪，但男士在求婚前仍然會佈置一個比較浪漫的氛圍或者情境。

戲劇化的表現手法，對小孩子也管用。

喬．茨特先生住在阿拉巴馬州的伯明罕，他五歲的兒子和三歲的女兒不喜歡收拾玩具，怎麼說都不聽。於是他「發明」了一輛「小火車」。讓兒子喬伊騎著小三輪車，當「火車」司機；女兒珍妮特把小篷車掛在後面作「貨廂」。晚上，喬伊開著「火車」在家裡兜圈子，珍妮特則把所有玩具當作「煤炭」裝進「貨廂」裡，收拾完她也坐上了「火車」。如此一來，孩子就會自己把亂扔的玩具收拾好，無須父母的教訓、責問或嚇唬。

瑪麗．凱薩琳．伍爾芙住在印第安那州的米夏瓦卡，她的工作遇到一些問題，必須要和老闆一起談談。週一的早晨，她想和老闆談，但是老闆說沒有時間，吩咐秘書安排時間。秘書安排在這一週晚些時候，後來又說老闆日程已滿，改天再約。伍爾芙女士說：

整整一週我都沒有見到老闆，每次我問秘書，她都會找出各種理由拖延。直到週五早晨，我依舊沒有得到消息。但我必須要和老闆談話，因此我就開始尋思該怎麼辦。後來我想到一個辦法。我寫了一封信給老闆，表明我理解他的繁忙，但同時說明面談的重要性。我隨信還附了一張表格，並寫上我的名字。請求老闆本人或秘書把表格填好，再寄給我。那張表格的內容是這樣的：伍爾芙女士：我將於（）月（）日（）點，會抽出（）分鐘時間和你面談，並討論問題。

上午十一點，我把信放到老闆的公文夾下。下午二點，我就在自己的信箱發現了老闆親自回的信，表示當天下午可以抽出十分鐘時間。當天我們見面後暢談了一個多小時，所有問題都得以妥善解決。

如果我不用這樣戲劇化的溝通方式和老闆約見，猜想現在我還在等消息呢。

詹姆斯．博因頓得在會議中報告一項龐大的市場資料，公司同仁才剛耗費心力地研究某大品牌的冷霜。報告時得隨時提出數據，以說明市場上有哪些競爭對手。我們潛在的客戶據說是廣告業最大、最有影響力的公司。

他第一次報告還沒有開始，就以失敗收場。博因頓先生說：

我剛進去，一開始就跑題了，竟然談論起調查方法。客戶和我吵了起來，對方說我錯了，我卻極力辯護。

我據理力爭，證明己見為真才願意罷休。但會議時間已到，我沒有發表任何成果。

第二次會議，我覺得沒必要費力去做那些表格和數據，而是直接去找那位客戶，用戲劇化的手法來表達觀點。

當我走進辦公室，客戶正在打電話。他剛放下電話，我迅速從手提箱裡面拿出三十二瓶冷霜，在桌上擺成一排，都是競爭對手的產品。

這些冷霜的瓶子上，我都貼上了標籤，上面列出調查資料，用這種生動的方式簡短報告產品特色。

結果，我們再也沒有爭辯一句。這是一種全新的、與眾不同的溝通方式。客戶一瓶瓶地拿起來，認真看上面的標籤文字。交談變得輕鬆自在，他不斷提問，興致勃勃。本來約定十分鐘的會議，但是十分鐘、二十分鐘、四十分鐘，甚至一個小時過去了，我們還在繼續交談。

事實上，我這次的報告內容和上次是一樣的。但我採取了戲劇化的表達方式，效果竟然有天壤之別。

因此，要多加練習戲劇化的表達方式。

十二　激發對方的鬥志

查理斯．施瓦布的煉鋼廠有位經理，手下的工人產量總是無法滿足公司要求。施瓦布問他：「問題出在哪裡？你這樣幹練的主管，竟然不能保證生產業績？」

這位經理無可奈何地說：「我不清楚。我用過各種方式，督促、鼓勵、咒罵、斥責，甚至威脅開除，沒一項管用，工人的產量就是不足。」

白班剛結束，晚班就要開始。施瓦布向經理要了一根粉筆，問身邊一位工人：「你們白班組煉了多少爐？」

工人回答：「六爐。」施瓦布什麼也沒說，用粉筆在地上寫了大大的數字「六」就離開了。夜班的工人看見這個數字，詢問什麼意思。

白班的人回答：「老闆來視察，問白班生產了多少爐。我們回答後，他就在地上寫下這個數字。」第二天早晨，施瓦布再次來到這個鋼廠，發現數字「六」已經被夜班工人抹去，換成數位「七」。次日白班的工人看見數位「七」，心裡想，夜班的工人想證明自己能力強？好吧，他們決定要把夜班工人比下去。於是，當天下班的時候，地面上出現了一個神氣十足的數字「十」。就這樣，工廠的生產狀況神奇般地好轉了。不久後，這家一度產量墊底的鋼鐵廠一下名列前茅了。這麼神奇！到底是什麼原因？

施瓦布解釋說：「促進生產效率，就是要開啟競爭、激發鬥志。我不要那種不擇手段的競爭，而是要有超越對手的欲望。」

激發鬥志、超越對手，吹響比賽的哨音！這是激勵別人最有效的方法。如果沒有接受挑戰，老羅斯福就不會選上美國總統。當年老羅斯福剛從古巴歸來，被推選為紐約州州長。反對黨調查發現他並不是紐約州的合法居民，老羅斯福一下子就慌了，準備倉皇退出選舉。這時一位議員湯瑪斯．普拉特（Thomas Platt）向他發起挑戰，他對老羅斯福挑釁地說：「想不到，你這個聖胡安山的英雄原來是個懦夫。」[18]

老羅斯福聽後，毅然接受了挑戰，我們都知道後來他選上了總統。這次挑戰不僅改變

18　編註：十九世紀末，美國與西班牙為了爭奪海外殖民地而在南美洲、菲律賓等地開戰。聖胡安山則位於古巴。

了老羅斯福本人，也對國家發展產生具體的影響。

古希臘的皇家衛兵有句哲言：「人人都會有所畏懼，只有勇者敢於漠視畏懼，繼續前進。前進或許會走向毀滅，但是絕大多數人會迎來勝利。」而人生最嚴峻的挑戰，莫過於克服自己的恐懼。

阿爾・史密斯（Al Smith）擔任紐約州州長時，遇到一件棘手事。位於魔鬼島西邊、以獄政腐敗聞名的新新監獄，典獄長出缺。這個地方醜聞、黑函頻頻爆出。史密斯需要一位鐵腕人物去管理。他於是找來新漢普頓的路易士・勞斯（Lewis Lawes）。

當見到勞斯時，史密斯故作輕鬆地說：「你去管理新新監獄，好不好？那邊需要一個有經驗的人。」

勞斯聽了心驚膽跳，他明白管理新新監獄有多危險。這所監獄的人事跟政治派系的頻繁鬥爭息息相關。典獄長換了一個又一個，最短的一位履職才三週。考慮到自己的政治前程，他不得不三思而行。史密斯看出他的心思，故意向椅背上一靠，露出輕鬆的笑容，說：「年輕人啊，你會退卻我不意外，新新監獄是個是非之地，需要強有力的人去穩住陣腳。」

史密斯其實是給出一個挑戰，而勞斯自然是那種願意挑戰「強有力」這一稱號的人。他真的去當了新新監獄的典獄長，而且坐穩了位子，成為美國家喻戶曉的著名監獄長。他還因此出了書——《新新監獄兩萬年》（*20,000 Years in Sing Sing*），暢銷幾十萬冊。他後來還做客電臺，講述監獄裡的故事，也有人把那些內容改拍成幾十部電影。他提倡的「人道主義」管理方式也創造了現代監獄改革的奇蹟。

泛世通輪胎的創辦人哈維．泛世通（Harvey Firestone）曾說過：「我不認為，僅靠薪水就能吸引並留住優秀員工，他們是為了爭一口氣留下來的。」

行為科學家佛雷德里克．赫茨伯格（Fredeirc Herzberg）也持有相同看法。他對成千上萬名員工及管理層人員進行過一次調查研究，發現能激勵員工的因素是：刺激？鈔票？工作環境？福利？都不是！激勵員工最重要的因素就是工作本身。一份工作能帶來活力和興趣，員工就會爭先恐後地去做，並竭力做好。

所以每個成功者都熱中於競賽，因為它能實現自我、證明個人價值、超越對手、贏得比賽。所以我們才有足球比賽、歌唱大賽甚至大胃王比賽，都是為了想要超越他人、獲得受重視的感覺。全都是為了要激發對方的鬥志。

讓人贊同你的十二條法則

法則一：避免爭論，是贏得爭論的唯一途徑。
法則二：尊重對方的意見，絕不當面指責對方。
法則三：及時、誠懇地承認錯誤。
法則四：面對任何問題，都先採取友善的態度。
法則五：讓別人毫不猶豫地回答：「是，沒錯。」
法則六：鼓勵別人暢所欲言、盡情地說。
法則七：讓對方感覺自己是發想者。
法則八：真心誠意地從對方的角度來看事情。
法則九：同情並理解別人。
法則十：激發對方內心的高尚動機。
法則十一：善用戲劇化的表達方式。
法則十二：激發對方的鬥志。

第四篇

說服對方又不會引起反感的九種訣竅

一 挑別人毛病前，先讚美對方

我有一個朋友，在卡爾文．柯立芝（Calvin Coolidge）總統執政時曾受邀週末去白宮做客。

在總統個人辦公室裡，他聽到總統對一位秘書說：「妳今早穿的衣服很漂亮；而妳也是個魅力十足的美女。」柯立芝總統沉默寡言，這可能是他一生中難得熱情地稱讚秘書。

這份讚美不尋常又突然，女秘書一下子受寵若驚，竟羞紅了臉。但柯立芝接著說：「不要高興得太早，我只是讓妳感覺好受些。以後，妳起草稿時，標點符號可要注意了。」

總統這種說法比較直接，即便這樣，從心理上講，還是很有技巧的。一般而言，等聽完讚美後，再去接受批評，會好受些。就像理髮師給顧客刮鬍子前，要先在臉上塗上刮鬍皂一樣。

一八九六年，威廉．麥金利（William McKinley）競選總統時，採取的也是這種先揚後抑的手法。當時有位共和黨成員起草了一篇演講稿，自認為文筆比羅馬政治家西塞羅、前維吉尼亞州長派翠克．亨利（Patrick Henry）和前國務卿丹尼爾．韋伯斯特（Daniel Webster）等人加起來都要出色。

他揚揚得意地把文章大聲念給麥金利聽，當中有許多絕佳的要點，但容易引起批評聲浪。麥金利不想打擊他，澆熄他滿懷的熱情。看他是怎麼巧妙處理這件事的。

麥金利說：「我的朋友，這篇演講稿精彩絕倫，可謂大師之作！很少有人能寫得比這篇還好，在很多場合拿出來講都能切中要點，但是這次競選場合特殊，不知道能否適用？或許從你的角度看，文章有力又清楚，但我不得不站在全黨的角度考量它的效果。所以，還要麻煩你照我的修改建議回家再寫一篇，並抄給我一份。」

他照辦了。之後麥金利又修改了一些內容，最終完成了第二稿，而這位講稿的作者也成為競選團隊裡最得力的演講者。

林肯最著名的一封信是寫給畢克斯比夫人，哀悼她陣亡的五個兒子，而下面這封信則是林肯所有信件中影響力排名第二的。寫成這封信只用了五分鐘，但它在一九二六年拍賣會上竟然拍出一萬兩千塊美金。這些錢，要比林肯辛勤工作五十年的積蓄還多。一八六三年四月二十六日，林肯給約瑟夫・胡克（Joseph Hooker）將軍寫了這封信，時逢內戰最艱苦卓絕的時期。連續十八個月，林肯率領的北方聯軍節節敗退，全國上下一片混亂，生靈塗炭，國人相互殘殺。聯軍有數千名士兵臨陣脫逃，甚至共和黨參議員都開始興風作浪，對林肯進行逼宮。林肯心灰意冷，他說：「我們命懸一線，上帝也似乎在和我作對，看不見絲毫曙光。」

在如此危急的時刻，林肯寫信給胡克將軍，試圖影響對方。胡克將軍個性難以馴服，但國家在此危機之際，他將扮演關鍵的角色。這恐怕是林肯在任期間寫過最嚴厲的一封信了。即便如此，你也會看到，在批評胡克將軍的嚴重錯誤前，林肯首先還是肯定了他的功績。

眾所周知，胡克的錯誤實在太不可饒恕了，但林肯還是很保留地、有手腕地、很得體地寫道：

> 你的一些作為，我不是十分滿意。
>
> 我任命你為波多馬克軍隊的統帥是有充分理由的，不過，我想最好讓你知道，對你有些事情，我不是十分滿意。
>
> 我相信並欣賞你，認為你是位勇敢且足智多謀的軍人。同時，我也確信你不會讓

政治影響你的軍事專業，這方面你做得很好。你很有自信，雖然不是軍人必備的特質，至少也是值得讚賞的。你很有企圖心，合理來講，都是優點大過缺點。但在安布羅斯．伯恩賽德將軍指揮軍隊時，我認為，你似乎表現出過多的野心，似乎處處阻撓他。這件事無論對於國家還是那位功勳卓絕的長官，都可以算得上是嚴重的錯誤。

我確切地聽說，最近你發表過以下言論：「軍隊和政府都需要一位獨裁者」。當然，我不是因為那種理由才給你指揮權；而你講了那樣的話，也不會影響你的職權。贏得軍事勝利的將軍才可能成為獨裁者。我現在要求你取得軍事上的勝利，但也不得不冒著你成為獨裁者的風險。

政府會像支持其他將領一樣，一如既往地支持你。我只擔心你這種立場會影響士氣，之後士兵就會批評自己的指揮官，不再全心全意服從命令。現在情況已經發生，我得盡力幫你擺脫這個困境。

一旦背叛的風聲在軍隊蔓延，不論是你，還是拿破崙再世，都無法讓軍隊發揮最佳戰力。現在，你應該小心行事，不可冒進。

希望你能繼續保持充沛的鬥志，不斷前進，為我們帶來更多勝利的消息。

雖然你不是柯立芝、麥金利或林肯，但一定會想把這些道理用在日常的商務往來中。

費城沃克公司的高先生講了一個他們公司的例子。沃克公司在費城攬下一棟大樓的建案，要在指定日期順利完工。開始一直進展順利，直到工程收尾時，銅器飾品的下游包商突然表示不能按時完成交貨，那麼大樓的外牆就無法裝飾完成。

這個簡直太不可思議了！整個工程就要因此延誤，公司會面臨巨額罰金。如此慘重的損失竟然是由一個包商引起的。

打了無數個長途電話，雙方爭執了很久，吵到火冒三丈，還是找不出解決方法，於是高先生被派到紐約來處理這個燙手山芋。

見面相互介紹認識後，高先生問對方：「你的姓氏在布魯克林區是獨一無二的嗎？」這位包商經理一臉詫異地說：「哦？這個我可不清楚。」

高先生說：「我早上下火車後，在電話簿裡查你的名字，似乎在整個布魯克林區只有你一個人叫這個姓氏。」

這位經理聽後，開始查電話簿。「我一直都不知道，原來我的姓氏大有來歷。」他自豪地說，「我的家族兩百多年前，是從荷蘭遷來紐約的。」他如數家珍地用了好幾分鐘介紹他先輩們的歷史。接著高先生說，他參觀過很多類似的工廠，沒有像他這一家這麼有規模的：「這是我見過最整潔的銅器加工廠了。」

這位經理說：「我可是花了一輩子的心血來經營它，我以它為傲，一起參觀工廠吧？」

在參觀期間高先生又讚揚了工廠的管理系統，並指出哪些方面比其他工廠先進。他又提到工廠裡的幾臺特殊機器，這位經理高興地說，那些都是他自己的發明。他還特意示範機器的運作流程以及介紹產出的優越成品。最後他堅持留下高先生吃午飯，而直到這時，高先生依然對來訪目的隻字未提。

午飯後，這位經理終於開口了：「現在，我們言歸正傳吧。我明白你此次來的目的，但沒想到我們會聊得這麼投緣。你可以回去轉告費城的公司，即使其他生意不做，我也會趕工，你們需要的材料一定會按時交貨。」

高先生沒有提任何要求，而所有問題都得到圓滿解決。材料如期到位，大樓也依照合約指定的時間完工。假若按照一般兵戎相見的方式去處理這件事，結果可想而知。

新澤西州蒙馬斯堡一家銀行的經理桃樂西．盧柏維斯基女士，在班上講述過一件提高員工效率的事：

近期我們新來了一位女孩做出納實習工作，她與顧客的關係處理得很好，處理個人交易時效率很快、程序很精確。但是到了一天結束，要準備結算的時候，問題就來了。

出納經理找到我，堅持要辭掉這個女孩，說她「耽誤了大家太多時間，結算速度很慢，教了多少次還是不開竅，必須辭掉」。

第二天，我看見她處理日常交易的過程非常準確，效率也很高，尤其與客戶相處得很愉快。

但是，不久我就發現為何她在結算時會出錯。下班後我立即找到她，她顯得很緊張又沮喪。我先誇獎她對待客戶友善又活潑，工作有效率又精確。我提議，兩人一起複習結算收銀機的流程。她知道我信任她，於是她就按我的建議做了幾遍。很快，她就掌握了結算流程，以後再也沒有出過錯誤。

先讚美別人，就像牙醫用麻醉劑，雖然病人還要忍受鑽牙齒的過程，但是畢竟麻醉劑已經消除了不少痛苦。作為一位領導者，應該做到：一開口就先真誠地讚美和欣賞對方。

二　怎樣批評不會引起怨恨

一天中午，查理斯·施瓦布在他的煉鋼廠無意間看見幾個工人吸菸，而他們正上方的告示牌上清清楚楚地寫著「禁止吸菸」。

施瓦布並沒有指著標識對工人喊道「你們不識字嗎？」而是走到工人前，從兜裡掏出一盒雪茄，發給在場的每人一支，說：「孩子們，你們要能到外面抽菸就好了，感謝你們的配合。」

工人知道違反了規定，但同時，他們很欣賞施瓦布的做法。因為他沒有責怪，反而送給他們一人一支雪茄，工人得自尊心保住了，也得到受重視的感覺。施瓦布能不讓人喜歡嗎？

約翰．沃納梅克也曾用過同樣的方法。他每天都到費城的百貨大樓巡視。一次，售貨員一群人窩在櫃檯後端，有說有笑，沒注意到櫃檯有位女性顧客在等著。沃納梅克看到後，悄悄走到櫃檯後，親自接待這位顧客。最後，售貨員發現了。沃納梅克把商品交給售貨員打包，什麼也沒說就離開了。

脫離民意的官員經常會遭到彈劾。或許是因為工作太忙，或許是助理對他們保護過度，避免因接觸民眾增加工作負擔。卡爾．蘭福德（Carl Langford）擔任佛羅里達州奧蘭多市長很多年，他的做法正好相反，經常要求下屬安排與民眾互動的活動，聲稱這是「開門政策」。但是當社區居民趕來拜訪時，還是被秘書或其他官員拒之門外。

最後，他想出一個辦法：拆掉辦公室的大門。部下知道市長的用意，就是想要做到真正的便民服務，所以象徵性地把大門扔了。

只要在言語上稍加注意，在說服對方的同時，就不會得罪人，也不造成不悅。

批評前，大多數人都會先讚美，接著說「但是……」，再進行批評。

要想讓孩子對課業更專心，我們會說：「強尼，我們以你為榮，這個學期你進步不少，『但是』數學課再努力一點，會更棒。」

我們分析一下：強尼在聽到前半句時，可能會感覺很好。聽到「但是」後的下半句，就開始懷疑你之前的讚美是否有誠意。對他而言，你的「讚美」只是埋下伏筆，準備好好批評他的失敗。一旦信任感被扭曲，我們就很難達成目標，讓強尼花更多心思在課業上。

其實，我們只需把「但是」換作「而且」，整個問題就能迎刃而解。

再看一下：「強尼，我們以你為榮，這個學期進步不少。而且下學期只要保持同樣的努力精神，數學成績就會跟其他人一樣好了。」

強尼這樣就更容易接受前半句的讚美，因為它不會埋下批評失敗的伏筆。我們成功引起強尼的注意、間接地改變他的行為，所以他才會試著朝我們的期待前進。

對於個性比較敏感的人來說，被直接批評就很容易忿忿不平，這時採用婉轉的方式來提醒，就會有不可思議的成效。瑪姬·雅各住在羅德島溫莎科（Woonsockt）在班上談到，有一回她修繕自家房子，她如何說服那些邋遢的建築工人把工地清潔乾淨。

施工第一天她下班後，就發現工人把裁切後剩下的木屑弄得滿院子都是，她不想和工人起衝突，畢竟他們的施工品質很精良。當天工人走後，她和孩子就一起把這些木屑收拾乾淨，整整齊齊地擺放在一個角落。

第二天，她把工頭叫來，對他說：「昨天院子收拾得很乾淨，我很高興，鄰居也沒有受到影響。」此後，工人每天施工完都會把木屑堆放整齊，工頭會親自檢查草皮是否有清理乾淨。

在後備軍人受訓期間，最常與志願役教官發生衝突的事，莫過於理髮。他們總覺得自己還是普通老百姓，沒有必要把頭髮剪得太短。

哈雷．凱瑟是城市搜救大隊訓練學校的士官長，他也常常為此事頭疼，許多受訓的後備隊員都不願剪髮。按照在軍隊裡士官長的老派做法，他應該向隊員發火、語帶威脅，但他決定用間接的方式表達。

他向隊員說：「你們將來都會成為隊上的幹部，必須以身作則，講話才會有份量，隊員才會服從命令。你們都瞭解部隊裡的理髮規定。今天我也理過頭髮，我相信，我的頭髮比某些人的要短一些。你們照照鏡子，若想要在儀容上成為隊員的榜樣，我可以安排你到軍隊的理髮店修整。」果不其然，有幾個人跑到鏡子前仔細檢查了自己的頭髮，下午就按規定去修剪了。第二天早晨，凱瑟評論說：「看來隊上某些人已經準備好，要培養幹部的特質了。」

一八八七年三月八日，著名的演說家亨利．沃德．比徹（Henry Ward Beecher）牧師離世，神學家萊曼．阿伯特（Lyman Abbott）受邀在臺上發表悼念演說。

他想把講稿寫得盡善盡美，於是像福樓拜修改小說一樣不斷潤色，稿子一改再改。最後，他把草稿念給妻子聽，但就跟大部分的演講稿一樣乏味。假如他的妻子沒有判斷力，就說直白地說：「萊曼，稿子很糟，一定無法派上用場。內容太冗長，像本百科全書，聽眾會睡著的，根本不能用。你佈道這麼多年，不應該寫成這樣的水準。看在上帝的份上！你就像一般人自然講話、流露情感就好。你要真的念那份稿子，會把自己的臉丟光。」

妻子本來可以這樣說，但是你也會猜到結果。這點她很清楚，於是讀完後只評論道：「如果它刊在《北美評論》上，一定是篇優秀文章。」她一方面稱讚這篇稿子，同時也巧妙地暗示它不適合拿來演講。

萊曼．阿伯特聽出了言外之意，便把精心準備的演講稿撕成兩半，後來就在現場做了即席宣講。

因此，指出對方錯誤的有效方式便是——讓人看到錯誤，方式要間接、委婉。

三　批評對方之前先承認自己的錯誤

我的侄女約瑟芬．卡內基，她十九歲時已經高中畢業三年了，我讓她來紐約做我的秘書。當時的她沒有絲毫工作經驗，現在已經成為全美最有幹練的秘書，簡直判若兩人。

她剛開始工作時，我幾次險些要批評她的錯誤，我趕緊告誡自己說：「稍等一下，卡內基，你的年齡比她大一倍，經驗比她豐富一萬倍。你不能期望她的閱歷、見識和你一樣多，你一開始不也一樣嗎？等一下，卡內基，你十九歲時在做什嗎？記得你犯下的愚蠢錯誤嗎？」

一番思索和自問後我得出結論：十九歲的約瑟芬，她的能力遠遠在我當年之上。而且我還得承認，對她誇讚得太少了。

當我要指出約瑟芬的工作紕漏時，會這樣說：「約瑟芬，你這件事情做得有點問題。不過，我也做過比這更糟糕的事。有些判斷力，需要日積月累才能獲得。在這個年齡我還遠遠不如你呢。我也犯過錯，所以沒有資格批評任何人。你可以試試換個方式，會不會更好？」

若能先謙虛地承認自己也不是無可挑剔，接著再提及對方的錯誤，這樣他就不會那麼難接受。加拿大曼尼托巴省有一位工程師叫蒂里斯通，他的秘書在抄寫他的口述信時，每頁都會出現兩到三處拼字錯誤，讓他很頭疼。他該怎麼辦？

我和其他工程師一樣，也總會犯拼寫錯誤。但為避免這樣的事情發生，我隨身帶著一個小本子，及時記下我拼錯的詞。我覺得僅僅靠指出錯誤，並不能提高她的校對以及字彙能力。

我想到另一個辦法。下次我就坐在她的打字機旁，對她說：「這個詞的拼法似乎不對，我也常搞錯。」同時我打開隨身帶的那個小本子，翻到某一頁指給她看。有時客戶會在信件裡批評我的拼錯字，那讓我顯得不專業，所以現在我對拼寫格外重視。

我不敢肯定她一定採納了我的方法，但自那次談話後，她拼錯字的機率大大降低了。

伯恩哈德・馮・比洛（Bernhard von Bülow）親王風度翩翩，早在一九〇九年，他身為德意志的帝國總理，就知道這種處世方法有多麼關鍵和必要。

威廉二世是德意志帝國最後一位皇帝，霸氣又傲慢，他親自建立了陸軍和海軍，誇耀這批大軍將會所向披靡、戰無不勝。

接著令人詫異的事情發生了！威廉二世語出驚人，整個歐洲大陸為之撼動，造成一連串衝擊事件，舉世譁然。局勢因此急轉直下，皇帝造訪英國時，在公開場合做了許多愚蠢、自大、荒謬的發言，還欣然允許《每日電訊報》刊出他的談話。例如，他自稱整個德國上下只有他對英國人友善；為了防堵日本的威脅，他建立了海軍；他一手挽救了英國，使其避免向俄法稱臣；由於他的作戰計畫，英國的佛列德里克・羅伯茲勳爵（Lord Frederick Roberts）才能在南非打贏波耳戰爭[19]。

在歐洲一百多年來的承平日子裡，從來沒有一位國王說出如此驚人言論。歐陸各地的怒火都被點燃，騷動四起。英國被這樣的話激怒了。德國的政治家們也驚慌失措，不知該如何收場。

十萬火急之下，德國皇帝也開始坐立不安，打算讓總理馮・比洛親王當替罪羔羊。皇帝要親王擔下全責，是他建議皇帝說出這些狂言妄語的。

馮・比洛反對說：「陛下，我絕對可以確定，不論在德國還是英國，沒人相信我有這能耐建議陛下發佈如此言論。」

話音剛落，馮・比洛就意識到說錯話了。果然，德皇大怒，他咆哮著說：「你認為我是頭蠢驢嗎？你覺得只有我才會犯錯，你就不會？」

馮・比洛在責備皇帝前，本應該先美言幾句。但是事已至此，只好亡羊補牢，於是立刻讚美對方，馬上就收到神奇的效果：「我絕不敢有這樣的意思，陛下在諸多領域都比我厲害，不僅有豐富的陸軍和海軍知識，在自然科學方面也遠勝於我。每次聽到陛下解釋氣壓計、無線電或倫琴發現X光等知識，我內心都讚嘆不已。我真慚愧，對各種自然知識瞭解不多，對化學或物理一竅不通，連最基本的自然現象都不會解釋。」

馮・比洛接著說：「不過人各有長，我略為熟知歷史知識，個人某些特質在政治領域更是管用，特別是外交事務。」

德皇笑顏逐開，馮・比洛不只大大讚揚，而且表現得十分謙卑。皇帝這時才放下前嫌，熱情又開心地答道：「我不是常告訴你，眾人都說我們是截長補短的好拍檔。我們應該緊密配合，一起開創未來！」

說完，德皇上前和馮・比洛握了握手，而且握了好幾次。那天下午，德皇和馮・比洛越談越投機。後來，德皇竟興奮地握緊拳頭大聲說：「誰敢對馮・比洛親王不恭，我先一拳打扁他的鼻子！」

憑著他急智的應變手腕，馮・比洛及時化解了危機。但他還是犯了錯，一開始他應該細數自己的缺點，維持德皇感的優越感，而不是意有所指地說皇帝是需要有人看顧的愚蠢領導者。

謙虛的態度加上稱讚的美言，能讓一位傲慢、愛羞辱人的德皇成為自己的鐵桿朋友。

19 編註：此處指的是發生於一八八九至一九〇二的第二次波耳戰爭。波耳人為早年殖民南非之德國、法國、荷蘭後裔，並建立了川斯瓦共和國（Transvaal Republiek）以及奧蘭治自由邦（Orange Free State）。為了爭奪南非資源，英國發起波耳戰爭，導致這兩個國家滅亡。

同樣的道理，在日常交往中，在適當情況下表現謙虛、提出美言，就能創造奇蹟、實質上改變人際關係。

錯誤發生了，即使沒有來得及糾正，只要坦然承認事實，也可以說服他人做出改變。馬里蘭州蒂莫尼姆的克拉倫斯·澤豪森發現十五歲的兒子在偷學吸菸。他說：

我當然不希望大衛吸菸，但是我和他母親都有這習慣，我們樹立了壞榜樣。我坦誠地對大衛說：「在你這個年齡，我們開始學抽菸。最後尼古丁戰勝了我們，菸癮想戒也戒不掉。我現在咳嗽得厲害，好幾年前我試著想戒菸，但始終擺脫不掉。」

我沒有直接勸誡他不要抽，或者警告他抽菸的危險。我只想讓他知道，我是如何染上菸癮，而它又如何影響我的生活。

大衛想了會兒，決定高中畢業前一定不吸菸。事實上一直到現在，他也沒有碰過菸。

那次談話後，我也決定戒菸。在家人支持下，現在我已經成功擺脫菸癮。

要想成為一位好領導，你要做到下面的法則：先坦承自己的不足，再談別人的錯誤。

四　以提問的方式來替代命令

艾達·塔貝爾小姐是美國著名的人物傳記作家，我曾有幸與她共進晚餐。席間，我談到自己正在寫書，於是我們就談到「處事技巧」這個重要的議題。

她說，她當時正在寫歐文·楊的傳記，採訪過與楊先生共事三年之久的一位先生。他說，從未聽到歐文·楊指使過別人做任何事。他總是用「建議」，取代「命令」。所以他從未說「你去做某事」、「你不可以做某事」。他總是說「你可以考慮這個」或者「你覺得那樣做合適嗎」。秘書起草完他的口述信後，他總會確認「你認為這封信如何」。當他檢查助理擬的信件時，就會說「或許措辭換一換，會好些」。他總是給底下人展示才能的機會，且從不下命令。即使出現錯誤，他也總是鼓勵別人，從錯誤中汲取經驗。

這種方式不僅讓別人很快改正自己的錯誤，也充分顧及別人的自尊心，讓人樂意與他合作，而不會造成衝突。即使錯誤顯而易見，不得不下令趕緊處理，但口氣若太粗暴，也會留下長久的怨恨。丹·聖雷利在賓州一所職業學校教書，他提到，某天有位學生違章停車，把學校的大門擋住了。一位教師怒不可遏地走進教室，大聲地問：「誰的車堵在大門口了！」有位學生承認了。這位老師威脅道：「現在就給我開走，不然我馬上拿鐵鍊鎖上拖走。」那位學生的車確實停錯了地方，但自這件事情後，不止這一位學生懷恨在心，全班同學也全力抵制，讓他的教學工作處處為難。

如果換種處理方式，那位老師可以說：「門口停的是哪位同學的車？」然後建議這位同學把車移開，這樣就不妨礙別人正常進出。相信這位同學一定願意合作，也不必招致同學們的反感。

以詢問的方式取代命令，不僅口氣更溫和，也能激發對方的興趣。當人們心甘情願接受指令時，就更願意主動加入決策，推動任務完成。

南非約翰尼斯堡一家生產精密零件的工廠經理伊恩．麥克唐納有機會接到一筆大訂單，但他認為自己無法趕上交貨日期。工廠的原本行事曆就排好了，面對時間這麼急迫的大訂單，伊恩不認為他們接得起來。他沒有逼大家趕工、勉強接單，而是把所有人召集起來，向大家說明情況。他對大家說，如果能及時完成這一單，對公司的發展意義重大，然後他依次詢問大家的意見。

「有沒有好方法能讓我們接下這筆訂單」、「有誰想到新方法讓生產線改變流程，好讓我們拿下訂單」「調整員工的職務或工作時數是否有幫助？」員工聽完，紛紛提出對策，表現出「能做到」的信心，堅持一定要完成這個單子。於是工廠接受了訂單，並如期完成交貨。所以，聰明的領導人都會——以提問代替命令。

五　保留對方的顏面

多年前，奇異電器在人事安排方面遇到一個難題。查理斯．斯坦梅茨（Charles Steinmetz）是電器領域的頂級天才，但無法勝任會計部主管的工作。他是不可多得的人才，但性格敏感，高層不敢輕易招惹他。公司想免除他的部主管一職，於是給他安排新的職位，稱之為「奇異電器顧問工程師」（他在公司一直負責此工作），並另外再找會計部主管。

斯坦梅茨很樂意接受這一調整，奇異的高層也很滿意，他們巧妙地調動了這位不可或缺的大牌明星，但沒有引起風暴。關鍵在於，公司幫他保留顏面。

替人保留顏面非常重要！它會造成實質上非常大的影響。不過，沒有幾個人會冷靜想想它的重要性。

我們會毫不顧忌地傷害別人的情感，隨心所欲地挑毛病、恐嚇謾罵；當眾批評孩子或員工，從不考慮對方的自尊是否受傷。其實，只要稍加冷靜思考，真實地感受到對方的立場，就能克制住尖酸傷人的評論。

當我們不得不斥責與解聘員工時，自己也很難受，但一定要記住這一點，合格的大牌會計師馬歇爾．格蘭傑（Marshall A. Granger）寫信跟我提起：

解聘員工不是什麼輕鬆的任務，被人辭退更是痛苦。因為我們的工作有分旺季、淡季，幫客戶申報所得稅之後，很多雇員就得離開。

我們有句行話叫「沒人喜歡磨刀霍霍當屠夫」。因此在慣例上，解聘員工要快又俐落。

過去，我們會這樣說：「史密斯先生，請先坐下。報稅季節已經結束，現在似乎沒有什麼任務可交派給你。當然，你明白，你是在我們最忙的時候請來的……」諸如此類。

這樣說通常會讓人非常失望，有種被「拋棄」的感覺。這些員工大多數終生從事會計工作，如此草率地被解聘，便不會對公司有特殊的感情。

近來，我們採取了更有技巧、更圓滿的方式，讓約僱人員離開時比較不難過。我仔細觀察和瞭解每個人在旺季的工作情況，並把他們請到辦公室：「史密斯先生，你的工作非常出色（如實讚美），上次安排你去紐華克處理一件棘手的專案，你當下扛起重責，出色地完成完成任務。有你這樣的員工是一件幸事。你的工作能力很強，不論到哪裡，都會有無限光明的前途。公司對你有信心，會一直支持你，希望你不要忘記這一點。」

結果呢？這些人被解雇後，感覺比之前好多了。他們不會覺得「被拋棄」。他們理解，假如公司還有業務的話，一定會讓他們留下。而當公司再次需要時，他們就會懷著特殊的情感，重新投入工作。

班上兩位學員討論過挑毛病的負面作用，以及保留顏面的正面效果。賓州哈里斯堡的弗雷德·克拉克講述了發生在他們公司的事：

在某次產品會議上，有位副總經理針對性地質問品管主任，產品製程出了什麼問題。副總經理咄咄逼人，指出品管主任的失職與錯誤。這位主任不想在屬下面前丟臉，所以回答時都避重就輕。副總經理對此更是大發雷霆，痛斥他謊話連篇。

這一番羞辱讓同仁們多年的合作關係毀於一旦。本來他是一位非常負責任的人，但從此後在工作上就變得很消極。幾個月後，他離職去了競爭對手的公司。據我們所知，他在那家公司幹得相當出色。

另一位學員安娜·瑪佐尼提到在她公司也有類似的狀況，不過處理方式和結果與前者恰好相反。安娜在一家食品包裝公司工作，她負責市場行銷，起初的工作是新產品的市場調查。她在班上提到：

調查結果一出來，我完全崩潰了。我的調查方法有個致命錯誤，所以整個市調得從頭再來。更要命的是，在進會議室報告前，我根本沒有時間和老闆討論。

輪到我上臺報告時，我全身顫抖著。我用盡所有力氣保持鎮靜，不讓自己崩潰或者哭出來，否則在場的男士就會認為，女人就是這麼情緒化，不能勝任管理工作。所以，我的報告很簡短。並坦承調查方法上出了問題，下次開會時，將重新做報告。說完後坐下，我心想老闆一定要大發雷霆。

出人意料的是，老闆只是感謝了我的工作，然後強調，在一個新專案中，出錯在所難免。他表示，對我第二次的調查很有信心，結果也將會更精確，對公司會更有利。他在同仁面前展現對我的信心，讓我知道自己已盡全力。錯誤的原因只是經驗不足，而並非能力問題。我離開會議室時不再垂頭喪氣，並暗自下定決心，下次一定不讓老闆失望。

就算我們百分之百正確，錯誤全出在對方身上，但假如讓他顏面盡失，那就只是在摧毀對方的自尊，但我們什麼也得不到。法國的航空傳奇人物、作家聖．修伯里寫道：

我沒有任何權利，不論透過言語或行動，貶低任何人對自己的看法。我對他的評價不重要，重要的是他自己怎麼看待自己。傷害他人的尊嚴是一種罪行。

因此，一位優秀的領導者應該要盡力保留對方的顏面。

六 如何激勵他人獲得成功

彼得．巴羅是我的故交，他是一名馴狗師，一生都跟著馬戲團到處巡演。我特別喜歡看他的馴狗表演。我注意到，每當一隻狗稍微有點進步，他就輕輕撫摸牠，稱讚牠，並獎勵一小塊肉，像取得了不起的大成績似的。

這其實司空見慣，千百年來所有馴獸師採用的都是這個方法。我一直好奇，能否用馴狗的方式改變人的行為？就像用肉代替皮鞭，人類為何不用讚美代替訓斥？不管進步有多麼微不足道，也要及時讚美，這樣就能不斷激勵人們進步。心理學家傑斯．賴爾（Jess Lair）在《寶貝，我一無所有，我擁有的全部就是我自己》（*I Ain’t Much, Baby-Bur I’am All I Got*）一書中寫道：「讚美就像陽光，照耀著人的靈魂。沒有讚美，生命之花就不會綻放。可惜的是，絕大多數人只習慣於冰冷的批評，不願分享讚美的陽光。」

回顧一下我的人生，有些刻骨銘心的話對我影響極大，甚至改變了我的命運，你呢？

在人類歷史上，這樣的事情不勝枚舉。

很多年前，一位十歲左右的孩子在義大利拿坡里一家工廠做工，他的夢想卻是成為一名歌唱家。他的第一位老師諷刺他：「你唱不了歌，你的嗓子天生不好，像窗戶縫隙的風聲一樣刺耳。」

但是他那位貧苦的鄉下母親卻始終不渝地支持他，讚賞他。她相信她的兒子一定能唱好歌，而且可以看到他一直在進步。她節衣縮食，為了能為他湊夠音樂課的學費。果然，母親的鼓勵和讚賞成就了這個孩子。他就是恩里科·卡盧梭（Enrico Caruso），那個時代最負盛名的歌劇音樂家。

十九世紀早期的倫敦，有位年輕人夢想成為作家，但圓夢過程並不順利：他勉強讀了四年書，父親就因為欠債被關進監獄。從此他的生活就有一頓沒一頓的，好不容易找到一份工作，整日給瓶子貼標籤，就在昏暗、老鼠橫行的庫房裡。晚上，他還要和兩個貧民窟髒兮兮的小孩，一起擠在不見天日的小閣樓裡睡覺。他對創作毫無信心，為了避人耳目，免受嘲笑，他趁夜色把人生的第一份稿件寄了出去。之後反反覆覆寄了好幾次，也一封封被退回。終於有一天，他迎來人生的曙光，一份稿件終於被接受了。儘管沒得到稿費，只有編輯的稱讚，但這足以讓他興奮得淚流滿面，激動得睡不著覺，一直在大街上遊蕩到很晚。

這篇文章的發表給予他肯定和認可，改變了他的人生軌跡。如果沒有這篇文章給他精神上的支持，他可能會在老鼠成災的庫房裡默默無聞地度過一生。看到這裡，你一定猜到了這個孩子的名字，他就是查爾斯·狄更斯（Charles Dickens）。在倫敦，還有一個孩子，在一家乾貨店打雜。每天五點不到，他就得打掃店鋪，在接下來的十四個小時裡，他忙得馬不停蹄。他受夠了這份苦役般的工作，堅持二年後，一天他終於決定放棄。一天早晨，他很早起床，早餐未吃，獨自步行到十五英里遠的地方，去找在別人家當傭人的母親。

他快要崩潰了。他哭泣著發誓，請求母親：如果繼續在乾貨店工作下去，他一定會自殺。最後，他滿是情緒地寫了一封信，寄給他之前的老校長，說他已經心灰意冷，不願再活下去。老校長回了信，給了他很多鼓勵的話，稱讚他是個聰明的孩子，一定能勝任更好的工作，並請他來學校擔任教師。

老校長的鼓勵給了這孩子一個光明的前程，讓他有機會在英國文學史上留下濃墨重彩的一筆。他後來發表了無數暢銷小說，用他的筆掙到一百多萬美金。他的名字就是H·G·威爾斯（H. G. Wells）。

「要讚美，不要批評」，是當代心理學大師史金納主要宣導的理論。他在動物和人身上做過大量實驗，結果證實只要減少批評，增加讚美，受試者就會轉移焦點，把重心放在做好事，而做壞事的機會就少了。

約翰．林格斯堡住在北卡羅來納州的洛基山上。起初，他像普通父母一樣，跟孩子溝通的唯一方式就是呵斥。但事實證明，在每次吵罵後，孩子就變得更難過，父母也更加無力。問題似乎找不到解方。

他試著用課堂上介紹的方法教育孩子。他說：「我想用讚賞代替嘮叨，起初很難，因為我們眼中只看到孩子的錯誤。但我們努力尋找孩子的優點，不到兩天，孩子一些平常惱人的舉動就消失了，接著其他錯誤也慢慢消失。孩子似乎有意識地順著我讚賞的方向做事，到最後我們簡直不敢相信，孩子竟然自動自發地把事情做對了。當然孩子會故態萌發，但事情過後再提醒，紀律就會持續提升。我不必像以前那樣喝斥責罵，因為他們錯做的事情少很多了。」

由此可見，與其有錯就責罵，不如讚美任何一個微小的進步。同樣，在工作當中，這樣的例子也隨處可見。基斯．羅伯也把這個原則用在職場上。羅伯先生在加州有家印刷廠，時不時要承接生產一些品質精美的印刷品。有位新來的印刷工人負責這類印刷品，但不太適應工作內容，總是犯錯。主管認為這位員工態度很消極，打算把他解雇。

羅伯先生得知這一情況，親自來到印刷廠，找到這位員工，和他好好談了一次。羅伯先生先肯定新員工的工作成果，這是近來印刷廠品質最好的產品。羅伯先生還明確指出哪些部分做得很優秀，這位年輕人的努力對公司有多重要。

羅伯的話能改變這位員工的工作態度嗎？幾天後，事情出現一百八十度的轉變。他跟同事提起上次的會談，原來公司有人懂得欣賞印刷的成果。從那天起，這位新的印刷工人就變成最有向心力、工作最用心的員工了。

羅伯先生不是阿諛奉承、隨便對新員工說「你很棒」，而是明白地指出他有哪些工作上的過人之處，他的重點放在實質的工作成果，而不是說幾句籠統的好聽話。因此才能對這位新員工產生莫大的意義。每個人都喜歡被讚美，但內容要具體又真誠，而不是對方用來安慰、敷衍你的話。

記住，我們都渴望被欣賞與認同，可說為了獲得讚美，無所不用其極。但相對地，我們也都不喜歡虛情假意、不真誠的阿諛奉承。

我在這裡重申：本書所傳授的各種人際技巧，必須是發自內心的真誠才會發會作用。我絕非教人去耍小聰明，而是在宣導一種新的生活態度。

大家常說要改變他人，但我們所能做的，就是啟發身邊的人，讓他們瞭解到，原來自身藏有龐大的能量。畢竟，改變他人的效果有限，還不如讓他們徹底轉化。

這毫不誇張，看看美國最有名的心理學家、哲學家威廉·詹姆斯是怎麼說的：

說起我們應該發揮的潛能，其實我們只能算得上處於「半清醒狀態」。因為我們只運用身體與心智力量的一小部分。普遍來說，人們所過的生活，離到自己的能力範圍還很遠。其實我們有各種潛能，只是常常不知道如何開發使用。

正在看書的讀者，你也一樣，擁有巨大潛能，卻從未開發。而當中你最常沒有發揮極致的，就是讚賞他人的神奇魔力，那能夠喚醒對方察覺自己的龐大潛能。

批評會使人萎靡不振，鼓勵能催生美麗之花。要想成為一名優秀領導者，務必做到——讚美對方的每一點微小進步，更要「嘉贊以誠，不吝褒揚」。

七　給對方美名，讓他有實現的目標

一位優秀的員工，忽然工作變得錯誤百出該怎麼辦？解雇他？於事無補。責罵他？只能引起怨恨。

印第安那州洛威爾一家大型卡車公司的銷售經理亨利·漢克就遇到這樣的情況，他手下一位技師的狀態最近工作品質越來越差。漢克並沒有訓斥或威脅，而是把他約到辦公室促膝而談。

他說：「比爾，你一直很優秀，在這個崗位上好幾個年頭了，你修車技術很好，顧客都很滿意。許多人對你都很讚賞。最近我發現你的工作變得有些拖拉，完成品質也大不如以前。畢竟你本來是那麼優秀的技師，你一定理解我對現況不是很滿意。或許，真有什麼困難，我們一起克服，好嗎？」

比爾聽完後說，他沒有意識自己的工作情況變差了，但他保證，工作品質不會再低於自己的專業水準了，之後一定會有所改進。

漢克的一番談話有沒有效果？當然有。受到漢克的肯定，比爾再次變回有效率、做事周延的技師了。漢克如此讚譽，比爾也想證明自己，不敢有絲毫懈怠，要恢復過去的工作水準。

鮑德溫鐵路機車廠總經理山謬．沃克萊（Samuel Vauclain）說：「對一般人來說，只要你對他表示敬重，欣賞他某一方面的技能，他就會樂意接受你的領導。」

簡而言之，想要改進對方某方面的不足，就更應該誇獎他在那個領域有不凡的特長。莎士比亞在《哈姆雷特》中寫道：「如果你沒有那優點，就先假裝自己有吧。」所以如果你希望他人發展某種專長，那不妨公開地假裝對方真的有。鼓勵對方去實現這個美名，他就會加倍努力，避免讓你失望。

喬吉特．勒布朗（Georgette Leblanc）在《一生的紀念：我與梅特林克的生活》（*Souvenir, My Life with Maeterlinck*）中描述了一個卑微的「比利時灰姑娘」的華麗轉變：

隔壁旅館有位端茶送飯的女僕，大家管她叫「洗碗工瑪麗」。她一般只在廚房打雜，貌相嚇人，斜眼歪腿，身體有很多缺陷，內心也很卑微。

一天，她用凍得紅紅的手為我端來一盤通心粉，我不假思索地讚美了她，說：「瑪麗，妳不知道自己的內在有多少珍寶。」

習慣壓抑情感的瑪麗，聽完竟呆呆地愣在那裡，一動不動，像闖了大禍似的。好久，她才把碟子放在桌子上，嘆了口氣，認真地說：「夫人，我一直都不敢相信這是真的。」她沒有任何質疑，沒有多說，轉身回了廚房，嘴裡不斷重複剛才的話。她增加自己的信念，告訴自己這不是開玩笑的話。

從此，大家開始給予她更多關注。而最大的改變是發生在卑微的瑪麗身上。她開始相信，原來自己內在有很多神奇之處。她也開始保養容貌與身體。她瘦小的身軀開始煥發出青春的活力，缺點也越來越不明顯。

兩個月後，她竟然宣佈要和主廚的侄子結婚了。她大聲說：「我要做新娘了！」她向我表達了感謝，因為我小小的一句讚美，讓她的人生發生了巨變。

給予對方美名，讓他有實現的目標，就能帶來脫胎換骨的轉變。佛羅里達州德托納海灘有一家食品公司，比爾·派克是這家公司的銷售員，他對公司新出的產品讚不絕口，但不知什麼原因，有家大超市的經理居然拒絕讓這批產品在店內上架。比爾十分沮喪，一整天想來想去，決定下班後去那家超市再說服一次。

他說：「傑克，今早你沒來得真正體驗我們的新產品，請再給我一點時間，讓我補充一下。你向來都實事求是，而且心胸寬大，只要確認事實，都不吝於改變主意。」傑克會拒絕嗎？當然不會，無法拒絕實現這個美名。

愛爾蘭都柏林有一位牙醫，叫馬丁．菲茨休。一天早上，有件事情震驚了他。一位病人竟然抱怨說，漱口杯下的托盤不乾淨！固然病人只拿紙杯喝水，但紙杯下面的托盤的確生銹了。如此不合格的器材，讓診所顯得不夠專業。

病人一離開，菲茨休立即把診所的門關了，寫信給清潔人員布莉姬，通常她一週打掃兩次診所：

「親愛的布莉姬：好久不見。我想要抽時間，當面感謝你出色的清潔工作。另外我之前提到，一週打掃兩次、每次一小時的清潔時間非常有限。如妳認為有需要的話，可隨時來診所再多做半個小時的補強工作。特別是針對一些不常照管的器材，比如漱口杯的托盤等。當然，我會支付妳加時工作的費用。」

第二天，當我踏進診所的門，發現桌子乾淨得像一面鏡子一樣，椅子更是光滑，我坐在上面險些滑倒。走進診療室時，鍍絡的杯子托盤閃亮又潔淨，穩穩地擺在支架上。我給那位清潔人員美名，她就努力去實現。一個小小的提點，她的工作表現就比以前還好。雖然，事實上她沒有額外花費一點時間。

古語說得好：「咒罵那是一隻惡狗，就可以吊死牠。」相反地，如果我們說牠是一隻善良的忠犬呢？結果必定大不相同。

露絲．霍普金斯女士是紐約布魯克林區的四年級老師。開學第一天，看了班上的同學資料後，她對於新學期的欣喜與期待就夾雜著一絲焦慮。原來全校最惡名昭彰的「壞小孩」湯米要進她們班了。湯米讀三年級時，他的老師就向同事和校長不斷抱怨，湯米經常惡作劇、不守紀律、打架、捉弄女孩、不尊重老師，年紀越大越變本加厲。好在他有個優點：學習效率快、迅速就能把功課完成。

霍普金斯女士決定馬上來會會這個「問題孩子」。第一次和新生見面，她對每位學生都做了簡短的評論：「蘿絲，妳的衣服真好看。」「艾麗西亞，聽說妳的畫很美。」輪到湯米，她瞪大眼睛看著他：「湯米，我認為你是個天生的領導者。我全靠你了，幫我把這個班帶好，成為全年級最優秀的班級。」開學後的那幾天，她反覆加強印象，誇獎湯米做的一切，向眾人證明，他果然是個優秀的學生。有了這樣的美名讚譽，這位九歲男孩也沒有讓人失望，他變得非常努力，讓自己名副其實。

因此，要在團隊中帶領難搞的員工，得改變他的態度或行為，那麼你就要給對方美名，讓他有實現的目標。

八　不批評才能使人自覺主動改正錯誤

我有一位單身漢朋友，四十歲才訂婚。為了彌補年輕時的遺憾，未婚妻勸他去學學跳舞。他跟我吐苦水：

上帝知道我真的需要學跳舞！我和二十年前一樣差勁。第一位舞蹈老師說我跳得亂七八糟，我必須忘掉過去，重新來過。第一位老師可能只是實話實說，但嚴重傷了我的心，我的動機全沒了，所以就退掉她的課。

第二位老師或許在說謊，但是我輕鬆多了。她心平氣地說，我的舞步雖然過時，但基本技巧可以，要學習新舞步絕對不會有任何障礙。第一位老師太過於強調錯誤，讓我喪失信心；第二位老師反其道而行，刻意忽略我的錯誤，把焦點放在我的長處，不斷鼓勵我。她自信地說：「你天生有節奏感，是一位天才的舞蹈家。」常識告訴我，無論過去還是將來我都不會成為舞蹈家；但在內心深處，我還是寧願相信她。事實上，我心甘情願花錢買了那些話，就不必拆穿了。

不管怎樣，我發現我現在確實比之前跳得好多了。這一切都得益於她的鼓勵，是她讓我看到希望，變得更自信、更努力。

試想你直接對子女、配偶或下屬說，他沒有任何天賦、笨手笨腳、成不了大器，那麼，你就等於扼殺他想要進步的動力。

不如使用另一種方法，多給對方鼓勵，告訴他事情不難辦到。只要你讓對方感覺到，你相信他有能力辦到，只是潛力還沒開發出來。這麼一來，他就會努力練習，直到曙光到來，終能超越自己。

著名人際交往專家洛威爾．湯瑪斯（Lowell Thomas）用的正是這一套方法。他給人信任和鼓勵，讓人變得自信，勇氣倍增。

最近，我和湯瑪斯夫婦一起度過了週末。晚上，他們坐在火爐邊打橋牌，並邀請我參加。打橋牌？我連忙說不，對此我一竅不通。我一直覺得這個遊戲很神秘，根本學不會。

洛威爾說：「為什麼不玩呢？戴爾，這一點也不神秘。橋牌只不過要求一些記憶力和判斷力而已。你都寫過記憶方面的文章，這個應該是小菜一碟，絕對合你的胃口。」

沒多考慮，半推半就地，我就人生頭一遭坐上了橋牌桌。之前，一直沒人告訴過我，我有打橋牌的天賦，也不知道這個遊戲其實很簡單。

提起橋牌，我想起埃利．克勃森（Ely Culbertson）。他著有橋牌方面的專業書籍，被翻譯成十二種不同語言，銷量達一百多萬冊。他曾告訴我，如果沒有一位年輕女士告訴他，他具備這方面的天賦，或許他今生將和橋牌無緣。

一九二二年，他踏上美國這片土地。開始，他想找一份教授哲學或社會學的工作，但是一直找不到。

他試著做煤炭生意，接著又換做咖啡生意，均以失敗告終。他之前打過橋牌，但做夢也不曾想過教別人橋牌，並成為這方面的專家。開始他的牌技很差，性格固執，總沒完沒了地向別人發問，提出了許多賽後見解和分析，弄得大家都不愛和他玩。

直到遇到一位美麗的橋牌老師約瑟芬．狄倫（Josephine Dillon），他們愛上了彼此，最後結了婚。

約瑟芬注意到，克勃森打每一張牌前，都會仔細分析，於是她就鼓勵說，他一定會成為橋牌方面的天才。克勃森告訴我，正因為這種鼓勵，使他成為橋牌專家，再無其他原因。

想幫助對方取得進步，切記──多多鼓勵對方；若有犯錯，找出容易的改進方式。

九 怎樣讓別人樂意接受你的建議

一九一五年，美國處於第一次世界大戰的不安之中。一年多來，歐洲各國相互殘殺，戰爭規模之龐大與血腥，超出人類能所能想像的境界。

如何才能帶來和平？沒人知道，當時美國總統威爾遜決定放手一試。他派出一位個人代表，作為和平使者到歐洲與各位軍事領導人協商。

國務卿威廉．詹寧斯．布萊恩（William Jennings Bryan）一直在宣導和平，這項任務是他服務世人的大好機會，還能在史上留名。但最終威爾遜打算任命他的好友兼智囊愛德華．豪斯（Edward M. House）上校去完成這個任務。

對豪斯而言，棘手的是，他得自己去告訴布萊恩這個壞消息，又深怕對方不高興。

豪斯上校在日記中寫道：「得知我將出使歐洲大陸，布萊恩失望透頂了。他打算去自行前去以個人名義完成這任務。」

我回應道：「總統認為，這件事情不宜以公開方式去處理，會引起格外的關注和爭議。大家會覺得，此人怎麼會在這個時候出現？」

你看出言外之意了嗎？豪斯其實在說，布萊恩的位置太重要了，以至於不宜在這件事上拋頭露面。這一番話，平息了布萊恩內心的失望。

豪斯上校人情練達，深諳人際關係的相處之道。他永遠能讓對方欣然同意，按照他的提議行事。

威爾遜總統邀請威廉・吉布斯・麥卡杜（William Gibbs McAdoo）擔任內閣成員時，也用到這樣的技巧。與總統共事，不論是誰，相信都會感到萬般榮幸。而威爾遜邀請的方式，讓麥卡杜更覺得自己任務重大。

麥卡杜描述了當時的情形：「威爾遜正在組閣，他說如果你能成為內閣成員、擔任財政部部長的話，他將感到十分高興。他懂得用輕鬆的方式提出邀請，而且讓對方感覺到，接受這個職位是幫了他一個大忙。」

遺憾的是，威爾遜並沒有將這一項策略貫徹到底，如果做到了，歷史也許要改寫。威爾遜決定讓美國加入國際聯盟，參議院和共和黨為此失望透頂。他拒絕讓共和黨領袖伊萊休・魯特（Elihu Root）、查理斯・埃文斯・休斯（Charles Evans Hughes）或亨利・卡伯特・洛奇（Henry Cabot Lodge）參加和平會議，相反地，他只邀請黨內的一些無關緊要的人參加。他認為，參加國際聯盟是他的主張，與共和黨無關，所以排擠他們，深怕對方指指點點。這種處理人際關係的粗暴方法斷送了他的政治前程，健康也受到影響，人生也加快走到盡頭。最後，美國還是沒能加入國聯，世界歷史就這樣被改寫了。

需要用到這種技巧的，不只有議員和外交官，我們一般人也有辦法讓對方欣然同意我們的要求。印地安納州的戴爾．法洛在課堂上提到，他如何鼓勵還孩子去做他指派的一些小任務：

> 傑夫的任務之一就是把西洋梨樹下的梨子收集起來，免得除草時工人還得停下來撿拾。傑夫並不喜歡這個任務，不是偷懶沒做，不然就是敷衍撿一兩顆，除草的工人還是得中斷工作。不過，我倒是沒有把傑夫當面叫來質問一番，而是採用其他辦法：「傑夫，我跟你打個商量，如果你撿一籃梨子，我就付你一塊錢。不過我會去檢查，如果草地上還有留下梨子，一顆罰一塊。這個交易聽起來不錯吧？」結果可想而知，他不只是把地上所有梨子都撿完，我還得時時注意，深怕他把樹上的梨子全都搖下來。

我認識一個人，他能巧妙地回絕許多演講和邀請，包括朋友的邀請，甚至是有所虧欠的人，他都能巧妙地回絕，對方也欣然接受。他是怎樣做到的？他不會推托說太忙碌或是找各種理由，而是表達感謝對方的看重，非常遺憾無法接受邀請，接著馬上提出替代人選。也就是說，對方都還沒開始不滿他的推辭，就改變注意力，去思考另一個人是否可能接受。

鈞特．施密特參加了我們在西德開設的課，他分享了一個故事。他管理一家超市，有一位員工經常貼錯價錢標籤，貨架上商品因此標示不明，很多顧客都在抱怨。施密特祭出警告、責怪和懲罰，依然無效。最後，施密特把她叫到辦公室，任命她為超市的標籤檢查組長，職責就是確保貨架上的標籤準確無誤。這個新職位完全改變了她的工作態度，此後她總是盡責地完成工作，得到大家的讚許。

人類就是這麼虛榮幼稚嗎？或許是。

拿破崙設立榮譽勳章制度，頒發過一萬五千枚勳章給士兵。授予十八位將軍「法國元帥」的榮譽，稱他的部隊為「大軍團」。有人批評說，拿破崙這是送給「玩具」給那些和他出生入死的士兵們。拿破崙回說：「男人都愛玩具，甘願受它管控。」

以名譽和頭銜管理人，不是只有拿破崙可以用，每個人都可以。歐尼斯特．金特夫人是我的朋友，她住在紐約的斯加斯德爾。常有小孩在她家草坪上踩踏，弄壞草坪，無論是大聲責罵或是好聲勸誡都沒用。

後來，她試著授予其中最調皮的孩子一個頭銜，讓他有權威感。他獲授命為「探長」，要確保草皮上沒有危險的入侵者。一切問題就此迎刃而解。這個「探長」在院子裡生了營火，把鐵棒燒得紅通通，警告其他男孩不得跨雷池一步。改變別人的態度或行為，成為管理有方的領導者，以下規則應熟記在心：

一、以誠待人，不輕易許諾；放下自己的利益，焦點放在對方能得到什麼好處。
二、明確知道自己希望對方做什麼。
三、富有同情心，考量對方真正需要的是什麼。
四、想想看，對方接受你的建議後，能得到什麼好處。
五、把自己的利益和對方的需求結合在一起。
六、當你提出要求時，表達的方式要讓對方聯想到，接受這個要求他有什麼好處。

當我們用草率地下令：「強尼，明天有客戶來，倉庫要徹底清潔。先清掃一遍，再把貨架上的物品一層層擺整齊，然後櫃檯擦乾淨。」

其實我們完全可以換種更巧妙的方式，讓對方感受到完成任務的好處：「強尼，我們要趕緊做一件事。現在做好了，省得以後麻煩。明天我帶一些客戶來倉庫參觀設備。但是倉庫現在很亂，你要是能打掃一下，依序擺好貨架上的物品，再擦洗一下櫃檯，客戶就會覺得我們很有紀律，你也為公司的良好形象出了一份力。」

強尼會照做嗎？或許他心裡不爽快，但不說出他的利益，他會更不爽。當強尼視倉庫整潔為己任，並能為公司形象做出貢獻，就會很樂意合作。而且他會明瞭到，這件事無論如何都要完成，還不如現在做完，之後就不用煩惱了。

不過，你如果覺得這種方式一定會得到對方的正面回應，那麼就太幼稚了。但是，經驗告訴我們，用上這些原則，至少對方的態度比較有可能改變。即使最終成果只增加百分之十，那至少你的領導力也提高了百分之十，而這就是你的收穫。

因此，若想要人們聽從你的意思去做事，就得想辦法讓對方樂於投入你提出的要求。

說服對方而不引起反感的九種訣竅

法則一：一開口就先真誠地讚美和欣賞對方。

法則二：讓人看到錯誤，方式要間接、委婉。

法則三：先坦承自己的不足，再談別人的錯誤。

法則四：以提問題代替命令。

法則五：給足別人面子。

法則六：讚美對方的每一點微小進步，更要「嘉贊以誠，不吝褒揚」。

法則七：給對方美名，讓他有實現的目標。

法則八：多多鼓勵對方；若有犯錯，找出容易的改進方式。

法則九：想辦法讓對方樂於投入你提出的要求。

人性的弱點：暢銷不墜的成功學經典，向卡內基學習交心溝通術與好感度人際學 / 戴爾．卡內基 (Dale Carnegie) 著；韓文橋譯．-- 初版．-- 臺北市：時報文化，2020.07；　面；　公分．-- (知識叢書)
自：How to win friends and influence people
ISBN 978-957-13-8280-7(平裝)
1. 人際關係　2. 溝通技巧　3. 成功法
177.3　　109009168

作家榜經典文庫®

★★★★★★★★★

ISBN 978-957-13-8280-7(平裝)
Printed in Taiwan.

知識叢書 1085

人性的弱點：暢銷不墜的成功學經典，向卡內基學習交心溝通術與好感度人際學

How to Win Friends and Influence People

作者　戴爾．卡內基（Dale Carnegie）｜**譯者**　韓文橋｜**副主編**　郭香君｜**責任編輯**　許越智｜**責任企劃**　張瑋之｜**美術設計**　兒日｜**內文排版**　薛美惠｜**編輯總監**　蘇清霖｜**董事長**　趙政岷｜**出版者**　時報文化出版企業股份有限公司　108019 臺北市和平西路三段 240 號 1 至 7 樓　**發行專線**—(02)2306-6842　**讀者服務專線**—0800-231-705．(02)2304-7103　**讀者服務傳真**—(02)2304-6858　**郵撥**—19344724 時報文化出版公司　**信箱**—10899 臺北華江橋郵政第 99 信箱　**時報悅讀網**—http://www.readingtimes.com.tw｜**電子郵件信箱**　ctliving@readingtimes.com.tw｜**綠活線**　https://www.facebook.com/readingtimesgreenlife｜**法律顧問**　理律法律事務所　陳長文律師、李念祖律師｜**印刷**　紘億彩色印刷有限公司｜**初版一刷**　2020 年 7 月 24 日｜**初版二十刷**　2024 年 7 月 9 日｜**定價**　新台幣 320 元｜

時報文化出版公司成立於一九七五年，並於一九九九年股票上櫃公開發行，
於二〇〇八年脫離中時集團非屬旺中，以「尊重智慧與創意的文化事業」為信念。